HEINZ
KLEGER

TOLERANZEDIKT ALS STADT-GESPRÄCH STATT SARRAZIN-THEATER

Über den Autor:
Heinz Kleger, Prof. Dr. phil., geb. 1952 in Zürich, Philosoph und Sozialwissenschaftler; lehrt seit 1993 Politische Theorie an der Universität Potsdam, 2004-2008 auch an der Europa-Universität Viadrina in Frankfurt / Oder.

Bildnachweis:
S.18, 20 dpa - picture alliance; S.8, 26, 32, 38, 55 Daniel Wetzel; S.16 Eccar.

ISBN 9783842326231

© 2011 Heinz Kleger,
Toleranzedikt als Stadtgespräch statt Sarrazin-Theater, Potsdam

Herstellung und Verlag: Books on Demand GmbH, Norderstedt

Erhältlich im Buchhandel und bei www.amazon.de

Inhaltsverzeichnis

1. Zivile Kräfte

Für eine realistische Hermeneutik ziviler Kräfte ist die Kenntnis und Einschätzung von Handlungs-Grenzen wichtig. Politische Theorie ist weder Moral – noch Wunschdenken. Jedes Vorhaben hat seine Grenzen, das ist trivial. Keine Trivialität ist es indessen, ein Konzept, das kohärent ist und viele inspiriert, zu entwickeln, weiter zu denken und weiter zu tragen. Dies erfordert in einer beschleunigten Zeit, die alles schnell verbraucht, eine gewisse Hartnäckigkeit. Mit Konzept ist hier das Handlungskonzept ‚Tolerantes Brandenburg' und seine Hintergrundphilosophie der Toleranz gemeint, die selbstverständlich auch ihre Grenzen haben, schon deshalb, weil Toleranz eine „dünne kulturelle Haut" ist (Kliegl) und ein emotional besetztes Streitfeld bleibt.

Begriff und Thema der Toleranz sind in den 90er Jahren wieder nach Brandenburg zurückgekehrt, und zwar überraschend zentral und mit einer deutlich polemischen Bedeutung gegen Fremdenfeindlichkeit, Gewalt und Rechtsextremismus. Die Gegnerschaft in Gestalt des Nicht-Tolerierbaren war dabei offensichtlich. Dies spannt auch den historisch-politischen Bogen positiver Toleranz – Toleranz als liberaler Bürgerreligion, die unterschiedliche, ja sogar weltanschaulich gegensätzliche Positionen zu überzeugen vermag.

1998 wurde das Handlungskonzept ‚Tolerantes Brandenburg', dessen Auftaktveranstaltung in der Nikolaikirche in Potsdam stattfand, gegründet. Dieses Konzept verbindet staatliche und nichtstaatliche Mittel und greift sowohl auf den starken durchsetzungsfähigen Rechtsstaat als auch die Aktivierung der vielfältigen Bürgergesellschaft zurück. Es verknüpft Repression und Prävention bei der Bekämpfung von Fremdenfeindlichkeit, Gewalt und Rechtsextremismus. Im Unterschied zur vornehmen, gleichwohl nicht zu verachtenden ‚Toleranz von oben' im 17. und 18. Jahrhundert, die vom Herrscherhaus verordnet wurde, ist heute für politisch bedeutsames Handeln das oft konfliktreiche Zusammenspiel verschiedener gesellschaftlicher Kräfte notwendig. Nur so lassen sich Handlungschancen bündeln, die in der gesamtgesellschaftlichen Entwicklungsstrategie von Freiheit und Toleranz liegen. Nur so wird aus der Freiheit eine Kraft zu geteilter und präventiver Verantwortung.

Freiheit und Toleranz bedingen einander, ebenso wie Aufklärung und Toleranz. Toleranz ist die „lebenswichtigste Botschaft der Aufklärung".[1] Nutzen wir sie. Wir brauchen allerdings eine geduldige Aufklärung, die weiß, was sie alles nicht weiß, infolgedessen selber tolerant ist und nicht – aus Überbietungsgründen – in besserwisserische Intoleranz umkippt. Die Wissenschaft wiederum ist dem rationalen Skeptizismus verpflichtet. Sie kann heute weder Gewissheit bieten noch einfach den Glauben unterstützen. Dass Wissen besser ist als Besserwissen, gilt auch und gerade für eine Aufklärung, die prozess-, dialog- und problemlösungsorientiert vorgehen will. Diese Theorie bleibt offen und unabgeschlossen. Die Arbeit ist bedingt durch Anlässe und Themen; sie ist interdisziplinär und sektorenübergreifend; und sie sollte möglichst viele einbeziehen, vor allem auch das Wissen der Bürger. Diesen beizustehen, ist der Sinn demokratischer politischer Theorie, auch wenn sie keine Politikberatung veranstaltet.

,Fanatismus' hieß der ursprüngliche Gegner der Aufklärung (so bei Voltaire), es gibt aber auch einen Fanatismus der Aufklärung (nicht bei Voltaire, der zwar antiklerikal, aber nicht antireligiös war[2]). Es gibt keinen Glauben ohne Zweifel, das gilt auch für den (säkular begründeten) Glauben an die Vernunft und die Demokratie (,democratic faith'). Der Fanatismus erstickt hingegen den Zweifel und weiß es besser als jedes objektivierbare Wissen und jeder subjektive Glaube. In einer Demokratie müssen wir mit allen sprechen können, nicht nur, weil wir es nicht besser wissen. Eine Voraussetzung dafür ist das Zuhören. Nicht allein auf das Sprechen, auch auf das (sokratische) Zuhören kommt es an. Dies gilt allgemein und alltäglich, nicht nur für Grenzfälle. Für schwierige Grenzfälle gilt sogar: Solange noch miteinander gesprochen wird, wird nicht zugeschlagen. Junge Menschen, die von ,rechter Ideologie' verführt worden sind, zu dämonisieren, macht keinen Sinn. Man sollte ihnen vielmehr, wo immer möglich, Exit-Strategien eröffnen. Die Normativität des

Gesprächs ist eine Leitlinie kluger Politik, die ausgeschöpft werden muss, bis es nicht mehr geht: „Keine Toleranz für Intolerante, aber der Tolerante glaubt daran, dass die Toleranz Früchte tragen kann und damit die Intoleranten zur Toleranz bewegen kann."[3] Das bildet einen Teil des demokratischen Glaubens, der eine Politik mit der Ungewissheit ist. Worum aber geht es bei einer Politik der Toleranz?

Einerseits geht es um eine klare politische Positionierung von Regierungsseite, andererseits gilt es, Initiativen von unten, die auf lokaler und regionaler Ebene gegen das Klima von Fremdenfeindlichkeit und Intoleranz vorgehen, zu unterstützen. Das ,Aktionsbündnis gegen Gewalt, Rechtsextremismus und Fremdenfeindlichkeit' feiert mittlerweile ebenso sein zehnjähriges Bestehen wie das ,Tolerante Brandenburg'. Beides sind anspruchsvolle Handlungskonzepte, die durchaus wirksam geworden sind. Die Ergebnisse der bisherigen Bemühungen können sich sehen lassen, dennoch können sie nicht beruhigen, denn es geht ja ebenso um ein alltägliches krisenfestes *Für* wie ein polemisches *Gegen* – oder wie es im Berliner Olympiastadion heißt: „Für Toleranz und gegen Rassismus". Anlässe zur Beunruhigung gibt es immer wieder. Die mehrmaligen Anschläge auf den Integrationsgarten in Potsdam, die bis heute nicht aufgeklärt sind, gehören ebenso dazu wie die Vorfälle um das ,Haus der Demokratie' in Zossen; jüngst wurde das Begegnungszentrum und Info-Café ,Der Winkel' in Bad Belzig einmal mehr beschädigt, davor hatten Unbekannte den „Baum der Gleichheit" herausgerissen und das Mahnmal für den nach einem Neonaziüberfall verstorbenen Asylbewerber Belaid Baylal geschändet. Diese Vorfälle sind bezeichnend für den alltäglichen, von außen gesehen meistens unauffälligen ‚Kleinkrieg' in vielen Kommunen, die weder Bürgerkommunen noch tolerant sind. Wenn wir die Idee der Bürgerschaft ernstnehmen, dann geht es auf jeder Ebene um Demokratie und Toleranz. Bürgerkommune und Toleranz bedingen sich jedoch nicht zwangsläufig, es ist vielmehr schwierig und eine ständige Herausforderung, beides gleichzeitig zu steigern. Eine starke Bürgerschaft, die liberal und to-

lerant auftritt, ist Weg und Ziel zugleich. Wie gesagt: Zuerst gab es die buchstäblich abstoßenden negativen Erfahrungen, die zahlreich waren und die polemischen Anlässe dazu. Solche Ereignisse sind sozusagen die kleinen Münzen im Argumentationsreservoir politischer Theorie, die breit zu überzeugen vermögen, da es für demokratische Politik keine überhistorisch-metaphysischen Garantien gibt. Zweitens können wir hier in der Region durchaus einen geistigen Schatz heben, der in der Geschichte (von Pufendorf über Thomasius, mit dem die Aufklärung in Deutschland ihren Anfang nahm, bis Mendelssohn, dem Sokrates aus Dessau, der nie eine Universität betreten

hatte) und in der aktuellen Gegenwart (die ermutigenden Ereignisse der demokratischen Revolution von 1989) liegt. Diese *Spur der Aufklärung* ist ein Erbe, das gerade Bürger als Autodidakten nicht ausschlagen dürfen und das wir als Labor politischen Denkens benutzen können. Schließlich ist dies alles vor dem Hintergrund des 20. Jahrhunderts zu sehen, das intellektuell – mit geschichtsphilosophischen und wissenschaftlichen Begründungen (vornehmlich der sogenannten Eliten) – zu Gipfelpunkten der Intoleranz und Selbstermächtigung zur Gewalt geführt hat, die außerhalb des Vorstellungsvermögens selbst der ‚schwärzesten' politischen Theoretiker der Vergangenheit gelegen haben. Diese außerordentlichen Phänomene des Zivilisationszusammenbruchs und ihre konsensuellen Grundlagen bedürfen weiterhin der Nachforschung und des Nachdenkens. Auch dafür sind wir in Potsdam am richtigen Ort. Potsdam verfügt sozusagen über einen ‚genius loci' sowohl für die Toleranz- wie die Intoleranzforschung. Von beidem können und müssen wir lernen in dieser (Erkenntnis-)'Höhle' der deutschen Geschichte, von der viele Wege auch nach Moskau führen. Das KGB-Gefängnis im ehemaligen abgeschirmten und geschützten sowjetischen Militärstädtchen an der Leistikowstraße (ähnlich ‚Klein-Moskau' in Karlshorst) versucht dies jetzt – konfliktreich – unter Einbezug der ehemaligen Häftlinge zu dokumentieren.

Die Wiedererinnerung ausgerechnet an die Toleranz – nach ihren ‚Überbietungen' in Sozialismus und Kommunismus – erfolgte nicht zufällig, sie war gut begründet und gut verortet. Sie hat viel sowohl mit der Aufarbeitung der Vergangenheit als auch mit der aktuellen Gegenwart zu tun. Beides kann historisch-kontingente Grundlagen stärken, die ansonsten keine feste Verankerung haben. Diesen Orientierungsfaden mit seinen vielfältigen Anknüpfungspunkten in der Real- und Ideengeschichte wollen wir wieder aufnehmen und ins Zentrum für eine Identitätsbestimmung des neuen Landes Berlin-Brandenburg rücken. Das Handlungskonzept ‚Tolerantes Brandenburg' ist nicht nur als weiteres zusätzliches ‚Politikprogramm' von eher marginaler Bedeutung zu verstehen oder bloß als Imagekonzept für das Tourismus-Marketing. Dass es selbstverständlich dem Tourismus, der Gastronomie und der Wirtschaft insgesamt nützt, die davon leben, ist mehr als ein begrüßenswerter Nebeneffekt. Auch darauf muss wieder einmal hingewiesen werden gegenüber einer wirtschaftsfernen Philosophie, die meint, Ökonomie hätte nichts mit Moral zu tun. Das ist weltfremd.

2. Integration braucht Zeit und Toleranz

Pufendorfs Traktat ‚De habitu religionis christianae ad vitam civilem' (1687) gehört neben Lockes, Bayles und Voltaires Schriften zur wichtigsten europäischen Protestliteratur gegen die damalige französische Politik der Intoleranz nach der Revokation des Ediktes von Nantes am 18. Oktober 1685. Dies bildet den entscheidenden Wendepunkt in der Geschichte der freien Wahl einer Konfession. Am 29. Oktober wird sogleich das Edikt von Potsdam erlassen, das im Volksmund auch ‚Toleranzedikt' genannt wird. Diese willkommene Vorlage aus der Geschichte, so wie man im Fußball von ‚Vorlage' spricht, haben wir benutzt für ein neues Toleranzedikt im Vollsinne. Es bleibt eine fortwährende demokratische Aufgabe von Bürgern, wobei sie von anderen Städten lernen können. Das neue Toleranzedikt versteht sich als Teil der ‚European Coalition of Cities Against Racism'[4], die 2004 auf Initiative der UNESCO gestartet wurde. Zu ihr gehören Städte von A bis Z, von Aberdeen bis Zürich. Potsdam ist im September 2006 beigetreten und bekennt sich zu den Zielen des 10-Punkte-Aktionsplanes (siehe Kapitel 3). Das nächste Treffen findet 2011 in Potsdam statt.

Beim historischen Potsdamer Edikt handelt es sich weniger um ein Toleranzedikt als vielmehr um einen Akt konfessioneller Solidarität von Reformierten mit Reformierten in einem mehrheitlich lutherischen Land – von „Glaubensgenossen" und „Mitleid" wird gesprochen

–, welches zum Beispiel die Katholiken (in Art. 13) bewusst nicht in die religiöse Toleranz einbezog, da für sie Toleranz ohnehin kein Grundwert ist (wieso auch: die Kirche ist ja im Besitz der Wahrheit und hat so ihre Schwierigkeiten mit modernen Wahrheitstheorien). Allerdings wurde den hugenottischen Glaubensflüchtlingen nicht weniger als eine neue Heimat angeboten – mit allen Bürgerrechten, aber zunächst nicht mit allen Bürgerpflichten. Das Besondere war: Man ließ sie kommen und gab ihnen Zeit – über Generationen hinweg. Ende des 18. Jahrhunderts gaben die hugenottischen Gemeinden ihre Privilegien freiwillig auf. So verzichteten sie zum Beispiel auf die französische Sprache im Gottesdienst, da sie ohnehin keiner mehr sprach. Beide Seiten haben die Mischung der Kulturen zugelassen. Sprachwechsel ist ein komplexer Prozess, der sich über mehrere Generationen erstreckt.[5]

Solche Akkulturationsprozesse verlaufen nie schnell und können ‚von oben' nicht verordnet, höchstens unterstützt und gefördert werden, z.B. durch Geld für die Sprachförderung. Diese Prozesse verlaufen asynchron und konfliktreich. Allen Mythen entgegen war dies auch bei den französischen Hugenotten in Berlin-Brandenburg der Fall. Dazu kamen große Unterschiede zwischen Stadt und Land, die sich heute in einer ‚Metropolregion' verringert haben. Der Stadt-Land-Gegensatz ist zwar noch existent, hat aber an Bedeutung verloren. Sprachwechsel beinhalten Akte der Identifizierung, die sich in der Gegenwart für die Zukunft vollziehen in einem Land, in dem man leben möchte. Dies ist ein schwieriger Balanceakt – wie menschliche Identität überhaupt –, der den Hugenotten gelungen war.[6] Der Begriff ‚Identität' stammt zwar begriffs- und ideengeschichtlich aus der Logik (A=A), ist aber nicht (und niemals) fix (und fertig), sondern ein Prozess. Identität und Kultur sind keine deterministischen Konzepte, heute würde man sagen: es sind hybride Gebilde.

Für die historisierte Vergangenheit geben wir das gerne zu und feiern in Sonntagsreden die gelungene Einwanderung und Integration. Für unsere eigene Gegenwart hingegen fehlen uns der Mut, das Zutrauen, die Freiheit zum Konflikt sowie die Toleranz, die häufig beschworen, aber selten mit Perspektiven verbunden wird. Der heutigen Diskussion fehlt es an Kenntnissen über die Geschichte der Einwanderung, die selten konfliktfrei verläuft. Integration und Freiheit sind vielmehr zusammen zu denken. Dazu gehört auch die Freiheit zum Konflikt.

Religiöse Toleranz, die als Problem nicht erledigt ist, wie man weltweit sehen kann, bedeutet jedoch noch nicht Religionsfreiheit. Die Positivierung der Religionsfreiheit als einklagbares subjektives Recht erfolgt auch in Ländern, die historisch durch die Aufklärung geprägt worden sind, relativ spät.[7] Selbst der liberale Vordenker John Locke hat die Katholiken und Atheisten aus seiner Toleranz mit Argumenten ausgeschlossen[8], die bis ins 20. Jahrhundert hinein als Illoyalitätsverdacht gewirkt haben und teilweise heute noch wirken. Heute kommen die Verdächtigungen gegenüber Muslimen hinzu. Islamophobie grassiert in Europa und den USA. Die neuen Christenverfolgungen im Irak und Ägypten drehen ebenfalls an der Hass- und Gewaltspirale. Die Debatte um ein muslimisches Zentrum in Manhattan, in der Nähe von ‚Ground Zero', wird gegenwärtig zu einem Härtetest für Amerikas zu Recht vielgerühmte Freiheit und Toleranz, die einander bedingen. Wie im Schweizer Minarettstreit oder in den französischen Kopftuch- und Burkadebatten bieten jedoch selbst in New York zu wenige der islamophoben Hysterie Paroli, indem an die freiheitlichen Grundwerte und -rechte erinnert wird. In New York trat auch der niederländische Rechtspopulist Geert Wilders von der ‚Freiheitspartei' (eine ebensolche ist kürzlich in Berlin gegründet worden) mit einer Rede vor ‚Ground Zero' auf: „New York ist auf holländische Toleranz gegründet (es hieß nicht zufällig einmal Neu-Amsterdam, H. K.), doch diese Toleranz gehe jetzt zu weit. Der Westen hat niemals den Islam verletzt, bevor der Islam uns verletzt hat. Das muss aufhören."[9] Damit sind die Fronten bezeichnet, wenn auch nicht erklärt. Mittlerweile sind es da und dort schon Bürgerkriegsfronten.

Die Religionsfreiheit, die neuerdings selbst der Papst als „Königsweg des Friedens" sieht[10], ist eine rechtspolitische Überbietung der Toleranz. Durch diesen Vorgang verändert sich auch die Toleranz: Sie wird von einem Element religionspolitischer Aufklärung, das Bürgerkriege verhindern und Frieden stiften soll, zu einer Verhaltenstugend der Bürger untereinander, die freilich eingeübt werden muss – über Generationen hinweg (Zivilisation als Praxis und Prozess). Diese Bedeutung der Toleranz nimmt in der liberalen Moderne nicht ab, sondern zu: Zum zivilen Umgang untereinander gehört der zivile Umgang mit den Anderen. Diese Zivilität ist eine Zuständigkeit (oder Anständigkeit) für die menschliche Zivilisation, die kein anonymer Prozess ist, für die wir vielmehr eine gemeinsame (auch präventive) Verantwortung tragen.

Historisch gesehen hat sich dies zuerst im konflikthaften Umgang der Konfessionen untereinander entwickelt. Hier liegt der christliche Ursprung des Toleranzgedankens als Offenheit. Heute bezeichnet Toleranz ein ziviles Verhalten gegenüber jeglicher Art von Differenz: religiöser, ethnischer, kultureller, sozialer, politischer und sexueller Differenz. Diese *umfassende horizontale Toleranz* bildet den Grundstein für das, was man als Liberalität oder Zivilität bezeichnen kann und wofür Bürger eine Zuständigkeit entwickeln müssen. Alles Weitere verliert nämlich seinen Sinn, wenn mit ihm gegen diese grundlegenden Werte, als Anfang aller Zivilisation, verstoßen wird. Diese Zuständigkeit lässt sich nicht an den Staat oder die Politik delegieren, vielmehr leben beide in einem hohen Maße von diesen Ressourcen, ohne sie selber garantieren zu können. Die aktive Toleranz bewegt sich – mehr normativ gewünscht als

normativ erwartet – in der Dimension der Gespräche der Bürgerschaft und der Demokratie, die sich beide wandeln.

Je mehr Freiheiten es gibt, desto mehr Differenzen gibt es, und je mehr Differenzen es gibt, desto nötiger wird die Toleranz bzw. eine Zivilisierung dieser Differenzen durch die Verhaltenstugend der Toleranz.[11] Diese Tugend besteht in Einsichten und Fähigkeiten von Bürgern, die immer wieder aufs Neue gefordert, aber aus verschiedenen Gründen auch stets gefährdet sind. Besonders in den großen Städten wird diese Tugend geradezu alltäglich auf die Probe gestellt, denn politische Urbanität ist eine Kunst des Zusammenlebens auf engem Raum, allerdings nicht nur mit unterschiedlichen Toleranzbelastungen, sondern ebenso mit unterschiedlichen Möglichkeiten, sich ihnen zu entziehen. Auch dieser Aspekt ist stets zu beachten, wenn es um Toleranz und Zusammenleben geht, die ineinander verwoben sind. Toleranz mutet allen – manchen oft mehr als anderen – viel zu. Das gilt vor allem für die Meinungsfreiheit als konstitutive Voraussetzung der Demokratie, es gilt aber auch für Nachbarschaften, Konkurrenzverhältnisse am Arbeitsplatz und in Schulen, wo das Mobbing verbreitet ist. Die Verstädterung der Welt führt dazu, dass der Raum optimaler Koexistenzfähigkeit sich nicht nur verdichtet und für die meisten enger wird, sondern auch vielfältiger und schwieriger im Umgang mit Differenz.

3. Politik der Städte

Die Städte spielen eine Hauptrolle bei Fragen der Integration und der gesellschaftlichen Entwicklung. Beides gehört zusammen wie Freiheit und Ordnung. Wir alle wollen eine wohlgeordnete Freiheit, lebendige Freiheit gibt es aber nicht ohne Konflikte. Städte spielen nicht nur eine Hauptrolle als Anlaufstellen für Zuwanderer, sondern auch als Integrationswerkstädte der Nation: Was in Berlin, Frankfurt am Main oder Stuttgart gelingt, gelingt vielleicht auch in Deutschland; was in Neukölln gelingt, gelingt in Berlin; was in Potsdam in Brandenburg, was im Schlaatz in Potsdam usw.. Viele wichtige politische Fragen, gerade auch Fragen der Bürgerschafts- und Einwanderungspolitik werden zwar auf nationaler und zunehmend auch auf EU-Ebene entschieden, sozial geregelt und umgesetzt werden sie indes vor Ort in den Kommunen und Regionen. Die inhaltliche Qualität dieser letztlich faktischen Regeln des Zusammenlebens hängt in starkem Maße davon ab, was in den Städten erstritten und real gelebt wird. Entscheidend ist dabei, ob es gelingt, politische Urbanität, die kein Marketing-Konzept ist, als Antwort einer aufgeschlossenen politischen Theorie der Bürgerschaft auf die neuen Herausforderungen hier und jetzt zu formulieren. Diese Herausforderungen gelten mehr oder weniger für alle Städte gleichermaßen, sie lauten: ‚globalisierte Wirtschaft‘, ‚kommunale Selbstverwaltung ohne kommunale Wirtschaft‘, ‚Gentrifizierung‘, ‚sozialräumliche Segregation‘, ‚kultureller Plura-

lismus‘, ‚institutionelle Fragmentierung‘, ‚Finanznot‘, fehlende ‚bundespolitische Mitsprache‘ selbst in föderalistischen Staaten. Bürgerhaushalte können eine ausbaufähige Antwort sein, die unter ungleichgewichtigen Rahmenbedingen jedoch schnell an Grenzen stößt. Gleichwohl bleibt heute der Weg vom Bürgerprotest zum Bürgerhaushalt, mit dem man schon an der Schule beginnen sollte, richtig und wichtig. Auch die migrationspolitischen Probleme gehören zu den genannten strukturellen Herausforderungen, und zwar zentral, wie sich an der Heftigkeit heutiger politischer Auseinandersetzungen zeigt. Im Kontext politischer Urbanität, die eine konkrete lebensweltliche Zuständigkeit ist, sind die Möglichkeiten einer bürgerschaftlichen Politik zu klären, die keine Politik der Assimilation oder der Differenz (Identität) darstellt, sondern vielmehr eine ständige und oft schwierige Politik der Integration von Differenz. Dass die Auseinandersetzung um den Integrationsbegriff keine rein akademische Angelegenheit ist, zeigen die Diskussionen über die verschiedenen Leitbilder und Integrationskonzepte in den Städten.[12]

Wenn Integration (von der Etymologie her) zunächst formal, die Eingliederung in eine bereits bestehende Einheit bedeutet, dann sind zwei Einheiten ganz unterschiedlicher Natur nicht zu überspringen: Nationalstaat und große Stadt. Weiterhin steht fest, dass Integration immer ein zweiseitiger Prozess ist. Damit hat wiederum zu tun, dass im fortwährend konflikthaften Prozess der Integration oder Akkulturation sich die Vorstellungen von Integration und Einheit selber verändern. Was ist dann aber das genaue Gegenteil von Integration? Und wie stehen Integration und Freiheit zueinander? Wie integriert muss jemand sein? Die Soziologie des Fremden in der heutigen Weltgesellschaft hält sowohl die Forderung nach Integration wie die nach Assimilation für unterkomplex. Sie gibt daher folgenden Rat an die Migranten: „Wähle einige wohlüberlegte Integrationen, d. h., verzichte auf Verhaltensvarianten, die in der Interaktion von Person und Bezugssystem zu Konflikten und Unlösbarkeiten führen könnten. Wähle aber auch einige Assimilationen, d. h., siehe einige Dinge vor, mit denen du dich so eng vernetzt, dass habitusbildende und persönlichkeitsverändernde Wirkungen eingeschlossen und auch angestrebt werden, und zwar deshalb angestrebt werden, weil man in ihnen eher die Chancen und Zuwächse als die Risiken sieht. Und schließlich: Wähle auch einige ,Nichtintegrationen', also Hinsichten, in denen du dich nicht einlassen willst, weil, wenn du dich auch noch auf diese Sachgehalte einlassen würdest, die Komplexität deiner Lebensführung zu Überforderungen führen würde."[13]

In modernen liberalen Gesellschaften steht die größtmögliche Freiheit aller im Zentrum. Dies ist auch mit Zumutungen verbunden sowie einem gehörigen Maß an Desintegration. Gerade die moderne Stadt mit ihrem Versprechen der Urbanität ist der Ort unvollständi-

ger Integration, was der konservativen Großstadtkritik seit je ein Dorn im Auge ist.[14] ,National-konservative Revolutionen', die liberale und illiberale Elemente verbinden und erfolgreich zu mobilisieren vermögen, entzünden sich heute nicht zufällig an diesen Baustellen des modernen Lebens. Sie kommen nicht vom Land. Pim Fortuyn in Rotterdam, Berlusconi in Mailand, Haider in Wien, Le Pen in Marseille, Blocher in Zürich sind Beispiele dafür. Bei ihnen kommt neben dem antielitären Affekt gegen die ,politische Klasse' und das ,politische System', was für den Populismus im Allgemeinen gilt, noch ein bewusst kalkulierter ausländerfeindlicher Affekt hinzu, der sich auf ein homogenisiertes ,Volk' bezieht.[15] Überdies spielt die Kritik an der EU angesichts der Euro-Krise zunehmend eine Rolle; sie wird schärfer: „die EU als Fehlkonstruktion" (so die SVP genauso wie der Front National).

Die unvollständige Integration ist aber eine Bedingung städtischer Produktivität. Dem Fremden wird dabei eine besondere Produktivität (heute spricht man modisch eher von Kreativität) zugeschrieben.[16] Der Fremde kennt zumindest zwei Kulturen, er ist Grenzgänger zwischen zwei Welten, wodurch er zur Reflexion und Innovation geradezu genötigt wird. Jede erfolgreiche Stadtgeschichte kann diese Rolle vielfach bestätigen. Spezialisierte Arbeitsteilung, innovative Milieus, Größe, Dichte, Heterogenität und Fremdheit machen die Produktivität der Stadt aus. Wer diese Faktoren unattraktiv machen möchte, macht das Land unattraktiv.

Diesbezüglich, bezüglich der enormen historischen Integrationsleistungen der Städte, sollte man öffentlich um deren Integration in den Patriotismus kämpfen. Aus den Städten wächst oft nicht weniger als eine neue Nation, aus Toronto z. B. das multikulturelle Kanada. Dabei geht es um die richtige Balance zwischen Integration und Desintegration. Weder ist das eine nur gut noch das andere nur schlecht. Das macht die attraktive Ambivalenz moderner Städte aus, die Fundamentalisten verschiedenster Couleur nicht ertragen. Hier sind die realen Weltorte, wo wir uns als Verschiedene im Zuge von Globalisierung und Migration immer näher kommen, wodurch einerseits das Anderssein auffälliger wird und andererseits Konflikte wahrscheinlicher. Letzteres bietet neue Möglichkeiten für Radikale, Öl ins Feuer zu gießen.

Die ‚Europäische Städte-Koalition gegen Rassismus‘[17], zu der Potsdam zusammen mit mehr als 100 Städten aus 22 Ländern gehört, hat einen Zehn-Punkte-Aktionsplan entwickelt, der im Turnus von zwei Jahren überprüft und diskutiert werden soll. Er enthält folgende Punkte, die wir mit Beispielen und Fragen aus Potsdam ergänzen:

1. Verstärkte Wachsamkeit gegenüber Rassismus
Gesamtstädtisches Netzwerk „Bündnis Potsdam bekennt Farbe":
- Infrastruktur eines solchen Netzwerkes?
- Wie gut kann es die Bevölkerung für einzelne Aktionen mobilisieren?
- Dauerhaftigkeit seiner Arbeit?

Anzahl und Mitgliederzahlen von zivilgesellschaftlichen Gruppen und Vereinen, die sich gegen Rassismus und für Toleranz einsetzen, wie z.B.:
- Verein „Neues Potsdamer Toleranzedikt – Gemeinsam für eine weltoffene Stadt e.V."

2. Bewertung der örtlichen Situation und der kommunalen Maßnahmen
Erarbeitung eines Lokalen Aktionsplanes:
- Wie wird der Plan erstellt?
- Wird er regelmäßig überarbeitet?
- Werden die dort vorgeschlagenen Maßnahmen kontinuierlich bearbeitet und evaluiert?
Aktive Förderung der Integration durch ein Integrationskonzept, das noch zu wenig bekannt ist.

3. Bessere Unterstützung für die Opfer von Rassismus und Diskriminierung
Landesweit tätiger Verein ‚Opferperspektive‘ mit Sitz in Potsdam:
- Frage der Kommunalisierung der Opfersolidarität?

4. Bessere Beteiligungs- und Informationsmöglichkeiten für die Bürger/innen
Unterstützung der Aufklärungs- und Öffentlichkeitsarbeit, Austausch der Vereine untereinander.

5. Die Stadt als aktive Förderin gleicher Chancen (insbesondere auf dem Arbeitsmarkt)
- Aktivitäten der Mitglieder der „Charta der Vielfalt" (Unternehmen)
- Besondere Förderung diskriminierter/ benachteiligter Gruppen?

*6. Die Stadt als Arbeitgeberin
und Dienstleisterin*
Förderung der Beschäftigung von Menschen mit Migrationshintergrund in der Stadtverwaltung und kommunalen Unternehmen (relativer Anteil messbar), besondere Bewertung der Leitungsfunktionen.

*7. Chancengleichheit auf dem
Wohnungsmarkt*
- Entwicklung von Verhaltenskodizes für städtische und private Unternehmen, die sich gegen Diskriminierung richten – ‚Toleranzedikt'.
- Anteil der Asylbewerber, die dezentral in Wohnungen untergebracht sind und nicht zentral in Sammelunterkünften, wie im Integrationskonzept gefordert.

*8. Bekämpfung von Rassismus
und Diskriminierung durch Bildung
und Erziehung*
- Anteil der „Schulen ohne Rassismus" an der Gesamtzahl der Schulen.
- Wie hoch ist der Anteil von Schülern mit Migrationshintergrund hinsichtlich der unterschiedlichen Schultypen?
- Gibt es besondere Projekte, Aktionen oder Lehrmaterialien?

9. Förderung der kulturellen Vielfalt
- Pflege einer pluralistischen Erinnerungskultur,
- Förderung multikultureller Angebote und Aktionen.

*10. Rassistische Gewalttaten
und Konfliktmanagement*
Professionelle Beratung über landesweites Netzwerk des „Mobilen Beratungsteams im Brandenburgischen Institut für Gemeinwesenberatung":
- Frage der Kommunalisierung der Beratung .

RACISM
RACISM
RACISM
RACISM
RACISM
RACISM

European
Coalition of Cities
Against Racism

www.unesco.org/shs/citiesagainstracism

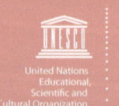

United Nations
Educational,
Scientific and
Cultural Organization

Titelbild des 10-Punkte Aktionsplan der European Coalition of Cities Against Racism (ECCAR).

4. Mut und Zumutung

Für eine minderheitenfähige Demokratie bleiben die Machtspiele der Politik und die Zivilisierung der Mehrheiten ein Problem. Die Meinungsfreiheit zum Beispiel ist grundlegend für die Demokratie, da sie die Auseinandersetzung von Meinungen überhaupt erst ermöglicht. Meinungs- und Redefreiheit muten den Beteiligten in einer liberalen Demokratie jedoch viel zu. In John Stuart Mills berühmter Schrift ‚On liberty' (1859) ergibt sich die Wahrheit am ehesten aus dem ständigen Meinungsstreit, wobei jede Meinung, egal, wie exzentrisch sie zunächst daherkommt, wahr sein kann. Die Annäherung an die ganze Wahrheit, die aus vielen Einzelteilen besteht, muss buchstäblich erarbeitet werden und kommt selten zum Abschluss, weshalb Diskurs- und Dezisionsfähigkeit gleichermaßen wichtig sind. Dafür dient der offene und inklusive Meinungsstreit; er führt außerdem dazu, dass Lehrende wie Lernende auf ihren Posten nicht in Schlaf verfallen.[18] Selbsternannte Aufklärer meinen hingegen, sie müssten für alle anderen denken. Dabei kennen Aufklärungsprozesse an der Basis und mit den Menschen, wenn es um Bürgerkommune und Toleranz geht, nur Beteiligte. In der Breite gehen sie meist nur langsam und in kleinen Schritten vor sich, nicht ohne Rückschläge, Überdruss und Langeweile. Der Kreis der Beteiligten muss sich allerdings ausdehnen, wobei zunächst eigene Barrieren und Hemmnisse abzubauen sind. Konflikte und Gegnerschaften werden dabei nicht ausbleiben.

An dieser Stelle wird Toleranz häufig zu einer Zumutung, was der Preis der Freiheit ist. Es ist aber von grundlegender Bedeutung für eine offene und liberale Gesellschaft, dass Meinungen (auch die abstrusesten) überhaupt artikuliert werden können (dann weiß man, woran man ist), dass man sie kennen lernt (auch rechte Parteiprogramme) und sich mit ihnen, möglichst vor Publikum, auch auseinandersetzt, und zwar nicht nur unter Gleichgesinnten – das demokratische Sprechen geht weit darüber hinaus. Das macht das Politische schwierig und oft unbequem, worüber auch das beschönigende Wort ‚Streitkultur' nicht hinwegtäuschen kann. Aber nur so kann – auf politische Weise, die in beruhigender ‚Totalkultur' und scheinbar sicheren ‚staatlichen Gesetzen' nicht aufgeht – verhindert werden, dass sich abstruse Meinungen in den Köpfen vieler festsetzen und verbreiten. Eine aufrichtige, sachliche und entschiedene Diskussion bewirkt allemal mehr als Blockaden, Strafanzeigen, Verbote usw. Ideologischer und moralischer Druck, von welcher Seite auch immer, schreckt nicht nur ab, sondern ist aufs Schärfste zu verurteilen, weil er schon im Ansatz eine solche demokratische Anstrengung verhindert; statt Gesinnungspolizei und staatlicher Aufsicht ist vielmehr eine offene Debatte über alles zu riskieren. Der Volksverhetzungsparagraph ist dabei Teil eines „deutschen Sonderrechts" (Battis)[19]; er gilt lediglich für Bereiche, die mit der Verherrlichung des Nationalsozialismus zu tun haben, was auch so bleiben sollte. Das Grundgesetz der Bundesrepublik Deutschland ist auf diesem antitotalitären Konsens, der sich positiv auf die Entwicklung der Grundrechte-Demokratie bezieht, gegründet.

Toleranz schließt ärgerliche Konflikte, die moralisch aufgeladen und emotional hoch besetzt sind, mithin mehr von der Dynamik des Moralismus als von Urteilskraft zehren, nicht aus, sondern ein. Sie ist keine Schönwetterveranstaltung, wie die Auseinandersetzungen um die Auftritte von Erika Steinbach (2008) und Thilo Sarrazin (2010) vordemonstriert haben. Die Lesung von Sarrazin stand zunächst auf der Kippe, weil Veranstalter sich weigerten, diese durchzuführen. Das ist ihr gutes Recht, problematischer ist hingegen, dass sie hier wie anderswo teilweise unter Druck gesetzt worden sind von Künstlern und Autoren, die das Recht auf Meinungsfreiheit (auch für provokative Äußerungen) ansonsten zu Recht wie selbstverständlich in Anspruch nehmen. Mehr als bedenklich ist es, wenn mitten in Berlin ein Vortrag von Thilo Sarrazin über Zuwanderung und Integration (auf Einladung der Technischen Universität) „aus Sicherheitsgründen" abgesagt werden muss.

Im ausverkauften Nikolaisaal in Potsdam trägt Sarrazin am 9. September 2010 schließlich zum ersten Mal seine Thesen vor. Der Statistiker doziert gelassen: „Die Durchschnittswerte sind halt so, sie betreffen nicht den Einzelnen." Das wird im Vorwort zur neuen Auflage (September 2010) noch einmal bekräftigt, die mit dem „aktuellen Stand der Forschung" argumentiert. Dazu kommt das qualitative Problem, dass vor allem die schlechter Gebildeten aus dem (scheinbar kompakten) muslimischen ‚Kulturkreis' mehr Kinder bekommen, womit (einmal mehr) das ‚christliche Abendland' vom Untergang bedroht wird, da Bildungsfähigkeit ja erblich ist. Dass der Zusammenhang

Protest gegen die Lesung von Thilo Sarrazin am 9.September 2010 in Potsdam.

von Intelligenz, Vererbung und Bildung komplizierter ist, interessiert in den Veranstaltungen nur wenige, denn entweder wird den einfachen Thesen applaudiert oder es wird ihnen mit ebenso einfachen Vorwürfen widersprochen. Die Veranstaltung in Potsdam muss von der Polizei abgeriegelt werden, ansonsten hätte sie gar nicht stattfinden können. Der Staat schützt die Freiheit, dabei geht es um mehr als um die Person Sarrazin und seine Thesen. Eine freie und vernünftige Diskussion ist unter solchen Umständen nicht möglich: Die einen skandieren „Mit Rassisten diskutiert man nicht!", die anderen „Thilo, führe uns!". Als im Saal jemand meint, dieser Soziobiologismus bedeute doch das Ende des humanistischen Menschenbildes, rufen andere: „Gott sei dank".[20] Aufschlussreiche Bilder und deutliche Worte stammen in diesen Tagen einmal mehr aus Potsdam.

Nur zwei Tage zuvor rückte Potsdam bildlich gar in den Fokus der Weltpresse, als nämlich der dänische Karikaturist Kurt Westergaard im Raffaelsaal der Orangerie in Sanssouci den Medienpreis des renommierten Medientreffens M100 überreicht bekam. In der Landeshauptstadt herrschte höchste Sicherheitsstufe, Scharfschützen bezogen ihre Posten in Sanssouci, über dessen Park ein Polizeihubschrauber kreiste. Unter solchen Bedingungen wird heute über Meinungsfreiheit in Europa diskutiert, nachdem die Mohammed-Karikaturen in der dänischen Zeitung ‚Jyllands-Posten' 2005 weltweit eine Empörungswelle unter Muslimen ausgelöst hatten, bei der mehr als

100 Menschen ums Leben kamen und viele mehr verletzt worden sind. Der Karikaturist Westergaard ist seitdem Morddrohungen und Mordversuchen ausgesetzt. Erst kürzlich konnte (im Dezember 2010) ein Terroranschlag auf die Redaktionsräume der dänischen Zeitung verhindert werden. Mut und Zumutung fallen hier bedrohlich zusammen. Was auf der einen Seite reiner Mut ist, ist auf der anderen Seite reine Zumutung, und zwar eine starke Zumutung, ja ein wirklicher Tabubruch, den gläubige Muslime in einer Demokratie mit garantierter Meinungs-, Presse- und Religionsfreiheit ertragen müssen. Religionsspott gehört dazu, wenngleich oft der nötige Respekt fehlt.

Für Kurt Westergaard war der Tag in Potsdam ein großer Tag, der ihm unter Anwesenheit der Bundeskanzlerin, die in Europa das *Wertepaar ‚Freiheit und Toleranz'* (in der Präferenzordnung der Werte) in den Vordergrund gestellt hat[21], Anerkennung für seinen persönlichen Mut zollte. In Dänemark ist Westergaard schon längst ein Held. Offenbar braucht es auch in der heutigen Zeit (wieder) Helden, selbst wenn diese kein eigenes Leben mehr führen können, sondern unter Polizeischutz überleben. Er habe mit seinem Bild eines bärtigen Mannes mit einer Bombe im Turban („Das Gesicht Mohammeds") nicht den Islam angreifen wollen, erklärt Westergaard in Interviews immer wieder, sondern nur Terroristen, die den Islam missbrauchen. Das Bild weckt tatsächlich starke Gefühle, die zu einer Empörung führen können, die in Hass, der nicht so schnell vergisst, umschlägt. Hätte sich Westergaard dafür entschuldigen sollen? Die Ausschreitungen, die in dem Maße nicht voraussehbar waren, hat er bedauert: „Ich bin Zeichner. Und kein Verbrecher."[22]

Über Geschmack und Urteilsfähigkeit lässt sich streiten, ja muss und soll man streiten. Der Karikaturenstreit wird ja tatsächlich auch für üble islamfeindliche Zwecke genutzt. Doch der Zeichner beharrt trotz zahlreicher schlimmer Erfahrungen auf seinem Recht, jenseits aller Lagerbildungen, in denen der Einzelne jeweils Schutz und Rechtfertigung sucht, eine eigene Meinung haben zu dürfen. Das wiederum darf er in einer konsequent liberalen und rechtsstaatlichen Demokratie rechtfertigungsfrei. Für die Jury des Medienpreises ist der dänische Karikaturist damit „zum Symbol für die Presse- und Meinungsfreiheit geworden". Es sind immer einzelne Menschen und nicht Systeme und Institutionen, die letztlich dafür einstehen müssen: Die ‚Rolle', eine freie Person zu sein, nimmt einem niemand ab. Das ist mit Mündigkeit gemeint, die eben mehr ist als eine Rolle, während die kleineren und größeren ‚Gehäuse des Hörigkeit' (Max Weber) überall existieren und die Zeiten und Systeme übergreifen. Die mutige Verteidigung der Meinungsfreiheit gleicht heute jedoch – in Potsdam wie in Kopenhagen – einer militärischen Festung. Verweist dies nicht auch auf

Scharfschützen in Sanssouci bei der Verleihung des M100 Medienpreises an Kurt Westergaard.

riesige Defizite des zivilen Mitgefühls untereinander? So wie die Freiheit der Toleranz bedarf, so bedarf die Toleranz der Solidarität. Beide Zusammenhänge sind nicht selbstverständlich.

Es ist nicht zutreffend, wenn oft gesagt wird, dass Konsens und Kompromiss die hauptsächlichen demokratischen Tugenden seien. Eher sind es Respekt und Toleranz, Mut zur Wahrheit und Fähigkeit zum Dialog, ziviles Mitgefühl und Solidarität gerade auch unter schwierigen Bedingungen sowie die Beachtung von Regeln, hinter denen Ideen und Ideale stehen (Demokratie als multiples Regelsystem), sowie die Zivilisierung von Konflikten[23], die nicht in Hass und Gewalt umschlagen dürfen. Gilt der politische Gegner als Feind, der vernichtet werden muss, dann herrscht Bürgerkrieg. Für Hobbes beginnt dieser bekanntlich schon bei der Wortwahl – Worte sind Taten.[24] Das ist einerseits – gemäß der Theorie der Sprechakte – richtig, andererseits muss eine liberale Demokratie, die Hobbes weder kennt noch – seinem politischen Denken zufolge – zulassen könnte, zwischen *Worten* und *Taten*, die etwas anderes sind, unterscheiden können. Worte können beleidigen und verletzen, ja sogar Schlimmes vorbereiten (ein großer Teil der politischen Auseinandersetzung dreht sich um solch unterstellte Folgen), sie sind aber noch keine Taten, die gegen Verfassungsgrundsätze verstoßen oder Gewalt anwenden.

Konsens und Kompromisse sind Resultate, die wünschenswert sind und keinesfalls verachtenswert. Grundwerte, Verfassung und würdebasierte Menschenrechte versuchen darüber hinaus, den Basiskonsens zivilreligiös zu fixieren. Damit bekommt auch die Freiheit ihre Fixpunkte, die sich auf die Geschichte eines Gemeinwesens beziehen. Dagegen meint der Mut der alten und neuen ‚Rechten' den Mut zum autoritären Gestus, der keine Lösung bringt und die liberale Demokratie zerstört, ihre Freiheiten ebenso wie ihre stets schwierige Möglichkeit demokratischen Regierens angesichts der wünschenswerten Entwicklung eben dieser Freiheiten (liberties). Diese Lebensform versuchen wir zu verteidigen, wenn wir vorgeben, die Demokratie zu verteidigen. Basiskonsens, Verfahrenskonsens und Regierungskonsens sind dabei zu unterscheiden und jeweils unterschiedlich zu würdigen. Sie sind eine Leistung, deren Ergebnis fragil bleibt, und nicht eine Herrschaft, in der man gefangen bleibt. Demokratie ist primär verfahrensorientiert. Schon deshalb steht im Zentrum gerade einer liberalen und rechtsstaatlichen Demokratie die Toleranz als Streitfeld. Fallen diese Konflikte in der Demokratie aus oder werden sie nicht zugelassen, dann wird Demokratie allein von den Ergebnissen her definiert. Wahre Demokratien sind indes unlenkbar. Das ist ein schwieriger Gedanke für Machthaber und solche, die es werden möchten.

5. Toleranz als Streitfeld

Tatsächlich gehören zum Alltagsleben wie zur demokratischen Politik Selbstbehauptung und Duldsamkeit, woraus Kulturen des Kompromisses resultieren. Nur darf dabei die Bereitschaft, Kompromisse zu schließen, auf die Dauer nicht zu ungleich verteilt sein. Zur Lebensklugheit gehört deshalb nicht nur die Toleranz, sondern auch die Sorge, Toleranzbereitschaft nicht über Gebühr zu strapazieren. Die Menschen sollten ein Selbstbewusstsein entwickeln können, dass sie tüchtig genug sind, ohne sich der herrschenden Praxis völlig ausliefern zu müssen. Und sie sollten lebensklug genug sein, um zu wissen, dass menschliche Beziehungen und demokratische Politik dann am besten funktionieren, wenn alle Beteiligten auf ihre Kosten kommen. Fatal ist es, wenn Politiker ihre Stärke auf Kosten der Schwachen demonstrieren müssen. Diesbezüglich kommt es gerade in der Ausländerpolitik bisweilen regelrecht zu einem Wettlauf – im bewussten Kalkül, auf diese Weise Stimmen ergattern zu können. So ist die SVP zur wählerstärksten Partei in der Schweiz geworden und zum Vorbild in Europa. Am 28. November 2010 hat sich erstmals eine von nationalkonservativer Seite lancierte ausländer-politische Volksinitiative (die Ausschaffungsinitiative) mit 52,9 Prozent Ja-Stimmen durchgesetzt. Dies ist ein historisches Datum in der Geschichte der direkten Demokratie, die europaweit auf der Tagesordnung steht. Vor dem ‚Rechtspopulismus' ist (von wenigen Ausnahmen abgesehen) keine Partei gefeit, wenn sich das Politi-sche immer mehr auf das Parteiinteresse reduziert. Moderate Gegenentwürfe helfen dann nicht mehr viel oder sind gegen die profiliertere Konkurrenz nur schwer durchzusetzen.

Toleranz, Intoleranz, Nicht-Tolerierbares, keine Toleranz, falsche Toleranz und Null-Toleranz sind zu unterscheiden. Hitler, Stalin und andere Menschheitsverbrecher, Nazis und moderne Nazis sind keine Frage von Toleranz oder Intoleranz. Sie gehören nach der leidvollen Verarbeitung unserer historischen Erfahrungen zum Nicht-Tolerierbaren. Diesbezüglich gibt es keine Toleranz, an dieser Stelle muss aktiv widersprochen und wenn es gegen Gewalt geht, rechtzeitig und konsequent mit rechtsstaatlich legitimierter und gebundener Gewalt eingeschritten werden. Die kürzlich verstorbene Neuköllner Jugendrichterin Kirsten Heisig meint mit ihrem Buch[25] den Rechtsstaat und sein Personal, der zum Beispiel gegen kriminelle Familienclans mit Migrationshintergrund nichts unternimmt. Das Strafrecht ist dafür Leitlinie genug. Es kann verbessert werden, übrigens auch im Dialog, den Frau Heisig gesucht hat, die mit guten Gründen Konsequenz fordern darf: Die Regeln des Zusammenlebens sind zu beachten, ihr Missbrauch ist genauso unsozial wie die fehlende Haftung in der großen Wirtschaft. Zu sagen, dass bestehende Gesetze (z.B. Schulpflicht) angewendet werden müssen, ist eine Trivialität. Wird indes die Apologie dieser Trivialität notwendig, so ist dies alles andere als trivial, denn wir dürfen weder der Privatisierung des Gewaltmonopols das Wort reden, noch individuelle Grundrechte missachten. Vor der Strafe als ultima ratio kommt freilich die Unterstützung und Förderung insbesondere der Schwachen, der Kinder und der Flüchtlinge. Das Ende der Geduld markiert eine Grenze der Toleranz, jedoch nicht ihr Ende, nachdem wir Toleranz als Geduld, Offenheit und Zivilisierung von Differenzen definiert haben.[26] Die Fähigkeit zur Toleranz, die immer wieder herausgefordert wird, vereinigt diese drei Bedeutungen.

Wartenkönnen – hier wird das Erträgliche zum Richtigen – muss als eine Eigenschaft zivilisierter Staatsbürger vorausgesetzt werden.[27] Systeme, die spezialisierte Funktionen erfüllen (darunter auch Politik und Verwaltung), sorgen über legitimierte und legitimierende Verfahren für korrekte Ergebnisse. Sie sind nicht auf der Gesinnung von Bürgern gebaut (wie die DDR[28]), sondern leben von ‚Systemvertrauen'. Die (systemtheoretische) Alternative ‚Geduld' oder ‚Gesinnung', die hier ins Spiel kommt, ist jedoch zu grob und erfasst vieles nicht, was für eine demokratische Theorie der Bürgerschaft grundlegend, wenngleich fragil ist, weil es letztlich auf nichts anderem als auf bündnisfähiger Praxis beruht. Frau Heisig hat mit ihrer dialogischen Praxis (sie ging in Schulen, an Elternversammlungen, in Familien usw.) auf Probleme hingewiesen, die nicht länger ignoriert werden dürfen. Das ist etwas anderes als ‚law and order'. Die Justizsenatorin Berlins hat diesbezüglich offen eingestanden, dass es ohne eine solche

Praxis einzelner Menschen nicht vorangeht: „Ein derartiges Modell (wie es Frau Heisig vorschlug, H.K.) von oben, von der Spitze der Behörde her, einzuführen ist viel schwieriger, als wenn das jemand tut, der in der Praxis steht. Hätte ich solche Vorschläge gemacht, wäre ich schnell in den Verdacht geraten, in die Unabhängigkeit der Richter eingreifen zu wollen."[29] Beschleunigte (Justiz-)Verfahren (das sog. ‚Neuköllner Modell') bei kleineren Vergehen von Jugendlichen sind notwendig und hilfreich. Übrigens werden sie auf der Basis eines längst existierenden Paragraphen durchgeführt.

Stehen also das ‚System' (hier der Justiz) gegen die Praxis von Einzelnen, die „alles geben müssen" (Buschkowsky)? Muss und soll das so sein? Oder gilt es nicht vielmehr, eine (demokratische) Praxis vieler neben die Systeme (die es gibt) zu stellen? ‚Praxis' heißt im Griechischen soviel wie „Sich-Verhalten und Handeln in Solidarität."[30] Systeme dürfen sich im Denken und in der Realität nicht so weit verselbständigen, dass diese Praxis von Menschen nicht mehr gesehen, ja übersehen und missachtet wird, so dass sogenannt ‚postheroische' Gesellschaften schließlich „toter Helden" bedürfen.[31] Dieses Warten, das eher eine angepasste Unterwürfigkeit ist, geht auf Kosten von Menschen und stört das Gerechtigkeitsempfinden. Auch wenn Systeme und Institutionen (scheinbar) funktionieren, so brauchen sie dennoch die kritischen Leidenschaften ihrer Bürger.

Toleranz und Entschiedenheit schließen sich nicht aus, sie sind vielmehr in einer dialogischen Praxis zu kombinieren. *Darauf kommt es an.* In der demokratischen Politik gibt es kein absolutes Wahrheitskriterium. Aus dieser Skepsis als Form politischer Aufklärung (auch über die historische Aufklärung und ihre neuen Götzen) folgt indessen nicht zwangsläufig ein Relativismus der Beliebigkeit, sondern eine Toleranz, welche Entschiedenheit für bewahrenswerte und bewährte Werte einschließt. Das wiederum hat mit unserer gewachsenen historisch-politischen Identität zu tun, die nicht leer und beliebig ist. Politische Aufklärung vermittelt Pluralität und setzt ihr gleichzeitig durch verbindlich-verbindende Normen Grenzen. Sozialer und kultureller Wandel, worin die Toleranzkonflikte eingeschlossen sind, setzt neue Normen.

Die systematische Beliebigkeit einer Indifferenz-Toleranz, nicht jedoch die lebensnotwendige Indifferenz als Gegenstück zur Aufmerksamkeit, wird damit ausgeschlossen. Auch freundliche Ignoranz ist zu akzeptieren.

Allerdings gibt es ein Überwältigungsverbot. Minimalvertrauen ohne Gewalt ist nämlich eine Voraussetzung dafür, dass im Übrigen in der liberalen Moderne Indifferenz unproblematisch wird. Sie fordert indes bei hermetischen Systemen auch die Gesellschaftskritik heraus. Indifferenz ist unhintergehbar, aber nicht unproblematisch, denn die „Möglichkeiten der Barbarei in der Moderne" haben möglicherweise ihren Grund „weniger in Hass" als in „Strukturen gut etablierter Indifferenz."[32] Folglich geht es immer wieder um Wahrheitsfragen wie um neue Formen des Zusammenlebens. Beides ist unter den Bedingungen der Freiheit nicht leicht zu haben und erfordert Urteilskraft, weshalb sich der Toleranzbegriff nicht zur bloßen Worthülse entleeren darf. Toleranz bedeutet indes nicht, sich des eigenen Urteils zu enthalten. Urteilskraft durchschaut auch naive und falsche Toleranz, was wiederum nicht das Ende der Toleranz beinhaltet. Wirklich gefährlich sind diejenigen, die dieses Ende mit Lust und Schadenfreude herbeiführen möchten, weil sie in Wahrheit weder liberal noch tolerant sind. Ihnen darf das Feld nicht überlassen werden.

Abgekupfertes SVP-Plakat während der Diskussion um den Umzug des Wohnheims für Asylsuchende in Potsdam.

Die Fähigkeit zum politischen Urteilen ist in der allgegenwärtigen und teilweise überwältigenden Mediengesellschaft ein Problem, denn die Boulevardisierung der Medien stärkt die Demokratie nicht, im Gegenteil. Die politische Öffentlichkeit verkommt in der alleinigen Orientierung an der Medienwirksamkeit. Das Sarrazin-Theater, welches angeblich die Republik erschüttert (so ‚Focus' und ‚Spiegel'), ist ein Beispiel dafür. Schnelle Empörung und medial erzeugte Erregungsgemeinschaften machen das Rennen. Das Sarrazin-Theater von 2010 ist eine beispiellose Medienkampagne, nicht von Sarrazin und nicht gegen ihn, wie sich Sarrazin beklagt.[33] Es gibt viele Akteure: beginnend zunächst mit dem unkommentierten Vorabdruck beim ‚Spiegel' und bei ‚Bild', mit sämtlichen Talkshows auf allen Kanälen, sodann mit den Knallern dieser Shows noch einmal auf den Titelseiten von ‚Focus' und ‚Spiegel', schließlich bei ‚Bild' die Reihe „Das wird man ja wohl noch sagen dürfen". Schließlich wird es ein Thema selbst für die traditionsreiche SPD, das sich noch quälend lange hinziehen wird, da sie ein Ausschlussverfahren betreibt. Immerhin hat sich die Parteispitze, insbesondere Sigmar Gabriel, mit inhaltlichen Argumenten distanziert, was eine wichtige Markierung im öffentlichen Diskurs war. Das Sarrazin-Theater insgesamt ist indes ein Beweis dafür, in welchem Maße die Politik selber zum öffentlichen Spektakel geworden ist, mit dem immer mehr Menschen nichts mehr anzufangen wissen. Es ist nicht einmal unterhaltende Politik oder gute politische Unterhaltung.

Die Tribunalisierung nimmt zu, und der öffentliche mittelalterliche Pranger kehrt im Zeitalter des Internets zurück. Die Debattenwut steigt und versteigt sich bevölkerungsweit. Politiker, die sich zuvor nie mit Themen wie ‚Integration' und ‚Zuwanderung' befasst haben (die vielmehr beide Themen in den 80er und 90er Jahren verschlafen haben), befeuern mit starken Sprüchen die Pseudo-Debatte. Ihrem Selbstverständnis gemäß sind sie keine ‚Rechtspopulisten', sondern „nehmen nur die Sorgen der Mehrheit ernst" (Seehofer), die sie als Vorwand benutzen, um die Eskalation der Worte, denen meist die Taten folgen, voranzutreiben. „Multikulti" ist dann nicht nur gescheitert, sondern „absolut gescheitert" (Merkel) – eine Aussage, die andernorts aufmerksam registriert und kommentiert worden ist.[34] Man spricht nun plötzlich von einer großen Zahl von „Integrationsverweigerern", sieht heuchlerisch die „christlich-jüdische Tradition" (wobei gerade dieser Bindestrich alles anders als selbstverständlich ist) in Gefahr. Schnell übernimmt man auch das Konzept der ‚Leitkultur', das man vorher noch scharf abgelehnt hatte, statt auf die Integrationskraft der Demokratie zu setzen. Der parteipolitische Opportunismus scheint grenzenlos zu sein.

Die Aufmerksamkeit liegt bei den steilen Thesen statt auf der komplexen Wirklichkeit. Wirklichkeits- und Demokratiedefizite bedingen sich. Auf diese Weise findet eine Diskursverschiebung statt, die sich schließlich auch in konkreten Maßnahmen der Integrationspolitik ausdrückt. Sie kulminieren darin, Integration gegen Einwanderung auszuspielen, was einen ängstlichen, rein defensiven Patriotismus verrät in einem Land „unbegründeter Tristesse"[35]. Eine fragwürdige Integrationspolitik, genauer: eine fragwürdige Philosophie und Politik der Integration steht dann zu einer Politik der interkulturellen Öffnung in einem europäisierten Nationalstaat, der ein Einwanderungsland geworden ist.

Nicht nur die Toleranz hat Konjunktur, auch die Null-Toleranz. Das darf man nicht übersehen, und es ist ebenso symptomatisch. Die ‚zero tolerance'-Politik ist ursprünglich aus den Problemgebie-

ten der amerikanischen Großstädte heraus entstanden, den verslumten ‚inner cities' und ihrer Gewaltkultur, die keine bürgerliche Außenwelt mehr kennen. Mit der Übertragung dieses Konzeptes auf deutsche Städte sollte man deshalb vorsichtig sein, da die autoritären Versuchungen groß sind. Einerseits genügt es, klar und deutlich zu sagen, was zum Nicht-Tolerierbaren gehört – Gewalt und Fremdenhass gehören dazu. Andererseits haben attraktive Städte sozusagen Baustellencharakter im buchstäblichen wie im übertragenen Sinn. Das heißt auch: Sie sind nicht nur ordentlich und sauber, es gibt immer Lärm, Schmutz, Verkehr und allerlei Missstände sowie – daraus resultierend

Diskussionsveranstaltung im Februar 2009 zum Umzug des Wohnheims für Asylbewerber im Potsdamer Stadtteil am Schlaatz.

– Ärger, Aufregung und Empörung. Das gehört zur städtischen Lebenswirklichkeit, in der bei aller Maßlosigkeit immer wieder – im Kleinen wie im Großen – um das richtige Maß gerungen wird. Nur darauf können wir setzen.

Für diese urbane Toleranz, die ein Potential als transformatorische Kraft hat, gilt deshalb ganz besonders, dass sie lernt, Wichtiges von Unwichtigem zu unterscheiden und aus der Lebenserfahrung heraus zu urteilen, wie beispielsweise mit Alkoholkonsum in der Öffentlichkeit, Lärm, Graffitis, Jugendkultur oder Vandalismus umgegangen werden soll. Die eigentliche Bewährungsprobe urbaner Toleranz besteht darin, wie viel unsere dünne Haut der Toleranz aushält und gleichzeitig politisch-konstruktiv zustande bringt. Zu den europäischen Städten gehört beispielsweise seit je auch die Sichtbarkeit der Roma. An ihrem Schicksal zeigt sich gegenwärtig ganz konkret, was EU-Europa sein will und sein kann. Die EU-Kommissarin Viviane Reding, zuständig für Grundrechte, ist ebenfalls zu Recht am Ende ihrer Geduld angesichts der französischen Abschiebepraxis. Der Umgang mit den zwölf Millionen Roma in Europa, die keine homogene Gruppe sind, bildet einen Toleranztest für alle Städte.

Toleranz hat inzwischen – nach einer langen konfliktreichen und gewalttätigen Geschichte – lebensweltliche Wurzeln und Bezüge, die zu erhalten und auszubauen sind.

Wir können drei Ebenen der Toleranz-Diskussion, die keine akademische ist, unterscheiden:
- die *soziale-alltagspraktisch-horizontale Ebene* von jedermann/jeder Frau; Toleranz als Erfahrung und wechselseitigen Anspruch;
- die *historisch-systematisch-politische Ebene des bürgerlich-liberalen Verfassungsgedankens*; in der Verfassung selbst nicht erwähnt und definiert; ihrem Experiment der Freiheit, der Gedanken- und Meinungsfreiheit indes vorausgesetzt sowie in den Verfahren der Demokratie institutionalisiert;
- *individuellen Mut und Zumutung im Kampf der Meinungen*, im Streit um Worte und Ansichten; etwas, was man wagen, aber auch etwas, was man aushalten muss.

6. Neues Potsdamer Toleranz-edikt: 6 Thesen

Brandenburg braucht mehr Toleranz und mehr Zuwanderung, also brauchen wir Toleranz für Zuwanderung. Daraus resultieren die folgenden sechs Thesen:

These 1: *„Von ‚Überfremdung' durch Zuwanderung kann in Deutschland und vor allem in Brandenburg keine Rede sein"*
- 2005 lag der Anteil der Menschen mit Migrationshintergrund in Brandenburg bei 5 % im Vergleich zu 19 % bundesweit;
- gerade das Wanderungssaldo der türkischstämmigen Bevölkerung sank in den letzten zehn Jahren ständig (von 10.130 im Jahr 2000 auf 1.746 im Jahr 2005) und führte zu einer Nettoabwanderung von 10.147 im Jahr 2008.
- Seit 2008 verlassen mehr Menschen Deutschland als kommen; damit stehen Deutschland und Japan einzigartig da unter den reichen Industrienationen.Mit der Einführung des Einbürgerungsgesetzes im Jahr 2000 verringerte sich die Zahl der eingebürgerten Ausländer und Ausländerinnen von 186.700 auf 96.100 im Jahr 2009.

These 2: *„Brandenburg braucht neue Leute"*
- Bis 2030 wird die Bevölkerung Brandenburgs um rund 295.000 Menschen abnehmen (ca.12 %).
- 2008 ist jeder fünfte im Rentenalter,

2030 wird es jeder dritte sein, der Altenquotient steigt damit enorm an und schafft zusätzliche Probleme.
- Die äußeren Landkreise Brandenburgs sind von Schrumpfung und Alterung am stärksten betroffen.
- Insbesondere die vielen jungen Auswanderer (12.000 jährlich) müssen wieder Gründe haben, in ihre Heimatregion zurückzukehren (materielles Fixum, attraktives Umfeld, Sicherheit und Anregungen).
- Wir haben nicht zu viele, sondern viel zu wenige (potentielle Rück-) Einwanderer.

These 3: *„Brandenburg muss offener werden"*
- 69 rechtsmotivierte Gewaltstraftaten 2009, 2001 waren es noch 87, insgesamt bleibt diese Zahl auf hohem Niveau relativ konstant;
- allerdings ist die Zahl der politisch motivierten Kriminalität von rechts von 2001 mit 907 Straftaten auf 1422 im Jahr 2009 gestiegen!
- Der Alltagsrassismus bleibt ein großes Problem.

These 4: *„Deutschland muss offener werden"*
- Laut dem Allensbacher Institut stimmen 60 % der befragten Deutschen den Thesen von Thilo Sarrazin zu, nur 13 % lehnen sie ab!
- Besonders gegenüber muslimischen Einwanderern fällt die Einschätzung

negativ aus (74 % bei den befragten Ostdeutschen, 50 % bei den Westdeutschen).

- Mehr als ein Drittel der Befragten glaubt, dass Deutschland durch Zuwanderung auf natürlichem Wege dümmer wird.

These 5: *„Deutschland muss sich an Staaten mit erfolgreichen Integrationsstrategien wie Kanada orientieren"*

- Die Kanadier setzen nicht nur auf das Anwerben von gut ausgebildeten Zuwanderern, sondern sorgen mit dem Familiennachzug auch für gute soziale Beziehungen.
- Angesichts des Fachkräftemangels könnte ein Punktesystem wie in Kanada ein umsetzbares Modell darstellen, wenngleich dieser Vorschlag schon von der Süssmuth-Kommission (2001)[36] im Vorfeld des Inkrafttretens des Zuwanderungsgesetzes (2005) unterbreitet wurde und sich schließlich nicht als mehrheitsfähig erwies.
- Angst vor Überfremdung und Schlagwörter wie (falsch verstandener und deshalb schon gescheiterter) Multikulturalismus (der ethnischen Gemeinschaften, ‚Parallelgesellschaften')[37] hemmen die nötigen Bemühungen um interkulturelle Integration.

These 6: *„Integration braucht Zeit und Toleranz"*

- Das Besondere am historischen Potsdamer Edikt von 1685 war: Man ließ sie kommen und gab ihnen Zeit – über Generationen hinweg. Ende des 18. Jahrhunderts gaben die hugenottischen Gemeinden ihre Privilegien freiwillig auf. So verzichteten

sie zum Beispiel auf die französische Sprache im Gottesdienst, da sie ohnehin keiner mehr sprach. Beide Seiten haben die Mischung der Kulturen zugelassen. Der heutigen Diskussion fehlt es dagegen häufig an Kenntnissen über die Geschichte der Einwanderung, die nicht nur konfliktreich sondern auch lehrreich ist.

7. Erläuterung der Thesen

Die sechste These haben wir im vorangehenden Text schon erwähnt. Man kann sie gar nicht oft genug wiederholen, denn in Bezug auf die Vergangenheit wird sie gerne konzediert und in Sonntagsreden gefeiert, in Bezug auf die eigene Gegenwart und Zukunft wird sie dagegen nur ungern angewandt oder gar weiterentwickelt. Gegen die Engstirnigkeit und den Kleinmut der gegenwärtigen Debatte sind die ersten fünf Thesen gerichtet. Einige Ergänzungen zu den beiden ersten Thesen, welche vor allem die Region Berlin-Brandenburg betreffen, wollen wir nun noch hinzufügen.[38]

Brandenburg zählt zu den Bundesländern, die vom demographischen Wandel, also der (Über-)Alterung und Schrumpfung der Bevölkerung am meisten betroffen sind. Eine Besonderheit liegt darin, dass sich die Entwicklung in den Landkreisen, die an den Landesgrenzen liegen, von denen, die an Berlin angrenzen, enorm unterscheidet. Brandenburg ist zweigeteilt. Landkreise wie zum Beispiel den Elbe-Elster-Kreis trifft diese Entwicklung besonders hart. Während der Jugendquotient dort bis 2030 um den Wert 25 recht stabil bleibt (25 unter 15-jährige zu 100 Personen im erwerbsfähigen Alter), steigt der Altenquotient prognostiziert von 37,9 im Jahr 2006 auf 83,4 im Jahr 2030.[39] Die Bevölkerung schrumpft in diesem Landkreis voraussichtlich von 119.770 Einwohnern im Jahr 2006 auf 86.730 im Jahr 2030.[40]

Das entspricht einem Bevölkerungsrückgang von 27,6 Prozent.

Infolge solcher Entwicklungen kommen absehbar große Herausforderungen auf die Haushalte der jeweiligen Kommunen zu. Hinzu kommt ein im Bundesvergleich ebenfalls sehr geringer Anteil an Menschen mit Migrationshintergrund. Dieser liegt in Brandenburg lediglich bei 5 Prozent (Stand 2006).[41] Der stagnierende Zuzug nach Deutschland wirkt sich in den ostdeutschen Bundesländern noch dramatischer aus, da diese zusätzlich mit der Binnenabwanderung zu kämpfen haben. Mit Ausnahme von Berlin verzeichnete nämlich der gesamte Osten Deutschlands massive Abwanderung: „Zwischen 1991 und 2005 gab es insgesamt 2,32 Millionen Fortzüge aus den neuen in die alten Bundesländer und 1,37 Millionen in die umgekehrte Richtung. Das führte für Ostdeutschland in diesem Zeitraum zu einem gesamten Abwanderungsverlust gegenüber den alten Bundesländern von 949.000 Menschen."[42]

Aus Brandenburg zogen seit 1995 jedes Jahr mehr Personen in die anderen Bundesländer fort als zu, wenn Berlin herausgerechnet wird.[43] Der Einfluss der Hauptstadt und der Zuzug aus dem Ausland bewirkten zwar eine positive Gesamtbilanz bis in das Jahr 2000.[44] Seit Ende der 90er sanken diese Zahlen jedoch und sorgten für ein stetiges Minus seit 2005.[45] Gerade Brandenburg muss angesichts solcher

Zahlen ganz besonders an ‚neuen Leuten' interessiert sein, sie anlocken und sie pflegen. Jede Bus- und Bahnlinie, jede Schule und jede Polizeiwache hat in einem solchen Zusammenhang Bedeutung. Die Kommunal- und Regionalpolitik muss sensibel sein, denn die Gebiets- und Polizeireformen, Kita-Plätze, Lehrer- und Ärztemangel beschäftigen die Bevölkerung alltäglich. Die politische Herangehensweise muss kommunikativ, tolerant und kompromissbereit erfolgen. Die frühe Einbeziehung der Bevölkerung mit ihren Sorgen und ihrem Wissens steht dann vor den nötigen Entscheidungen und nicht umgekehrt. Gemeinsam demokratisch und nicht gemeinsam einsam wird die verspätete Region zu einer neuen Region in der Mitte von Europa.

Bis 2030 wird die Bevölkerung Brandenburgs um 295.000 Menschen auf prognostizierte 2,227 Millionen abnehmen. Das entspricht etwa einem Verlust von 12 Prozent gegenüber dem Jahr 2008.[46] Im Jahr 2008 war ca. jeder Fünfte über 65 Jahre alt, 2030 wird es nach der Prognose jeder Dritte sein.[47] Der Altenquotient, also das Verhältnis von über 65-jährigen auf Personen im erwerbsfähigen Alter von 20 bis 65 Jahren, steigt dabei von 35,3 auf 78,1 an. Die äußeren Landkreise Brandenburgs sind von Schrumpfung und Alterung am stärksten betroffen. Diese Disparität hat zur Folge, dass die Verluste im äußeren Entwicklungsraum größer werden als es die Zahlen für das gesamte Land Brandenburg erahnen lassen. Der Regionalforscher Ulf Matthiesen vom Institut für Regionalentwicklung und Strukturplanung in Erkner warnte schon frühzeitig und wiederholt vor der Gefahr des „Brain Drain" infolge von Abwanderung aus alternden und schrumpfenden Regionen. Dieser Abwärtsspirale, so schlug er vor, könnten Raumpioniere abhelfen: „Das Konzept ist sehr breit, es reicht von A bis Z. Also von zurückkehrenden Adelsfamilien, Designerstudios in umgebauten Viehställen, Lehmbaufirmen, Slow-Food-Netzen und Öko-Landbau bis hin zu neuen Tauschringen."[48] Ein moderner Heimatverein wie ‚Zuhause in Brandenburg'[49] unterstützt junge Uckermärker (die Uckermark ist die am dünnsten besiedelte Region Deutschlands), welche ihre Heimat verlassen haben, zurückzukehren und eine Existenz aufzubauen. Hier gewinnt Heimat eine ganz neue Bedeutung.

Einerseits heißt es umzudenken, andererseits ehrlich zu sein. Umdenken muss Brandenburg im Sinne einer Förderpolitik, die das naheliegende Konzept „Stärken stärken" mit den Zusatz „Neues wagen" verbindet. Denkbar sind sich selbst versorgende Orte, die durch ihre Abgeschiedenheit und Ruhe locken. Die Schule als zentraler Ort muss dabei unbedingt erhalten bleiben, sollen die Menschen gehalten werden, was Gemeinschaftsunterricht aller Klassen mit individueller Betreuung zur Folge hat. Dies wiederum hat zur Konsequenz, dass die Mobilität aller, nicht nur der Schüler, gewährleistet ist. Alternative Personenbeförderung abseits des Linienverkehrs ist ein Thema, zugleich muss die Polizei und im Notfall der schnelle Krankenwagen

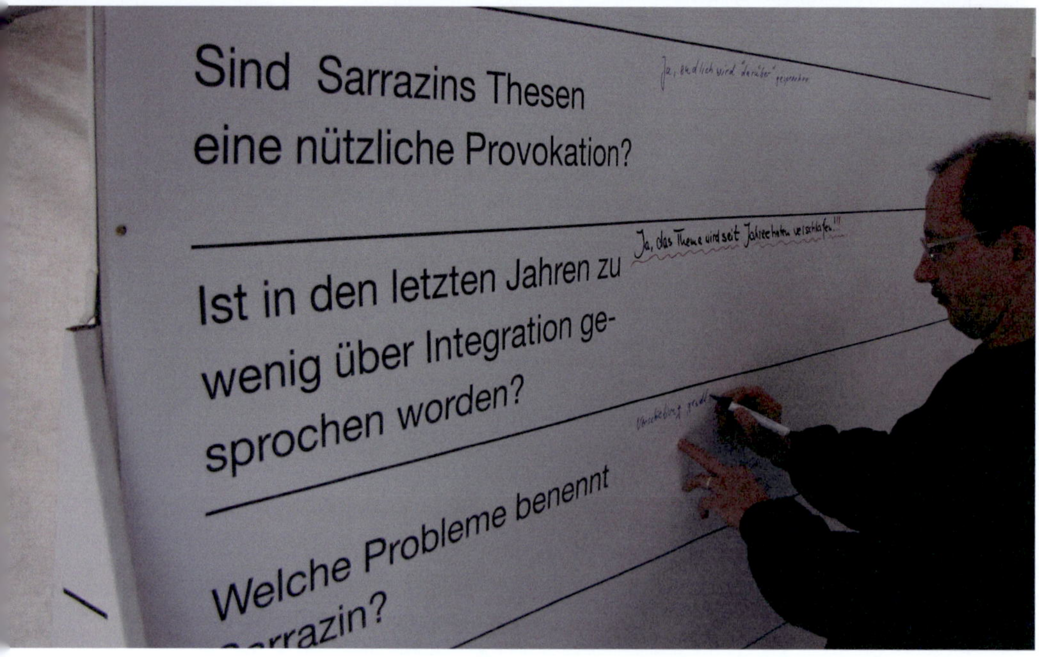

Diskussion „Toleranzedikt statt Sarrazin-Theater" beim Fest für Toleranz am 30.Oktober 2010 im Potsdamer Wohngebiet am Schlaatz.

für Sicherheit sorgen können, was in einem dünnbesiedelten Flächenland nicht einfach ist. Die Kommunen sollten in die Lage versetzt werden, mit ihrem Haushaltsgeld freier zu wirtschaften. Außerdem bieten sich aus den Fördertöpfen von Bund und EU Möglichkeiten der Finanzierung. Eine Schulung des Personals vor Ort im Hinblick auf die Förderkriterien der einzelnen Programme und deren Inanspruchnahme kann vom Land organisiert werden.

In diesem Zusammenhang ist die Einrichtung einer zentralen Koordinierungsstelle sinnvoll. Die Rolle des Landes Brandenburg liegt hier vor allem in der strategischen Unterstützung und der zentralen Koordinierung: Mit den Gemeinden müssen Maßnahmen wie alternative Infrastrukturangebote, Wasser- und Abwassersysteme sowie Konzepte autarker Wirtschaftskreisläufe im Sinne einer lokalen Ökonomie diskutiert und abgestimmt werden. Ein Blick nach Skandinavien lohnt sich. Auch ein Programm wie ,Soziale Stadt' kann im ländlichen Raum Anwendung finden. Strategien des Quartiermanagements, die gut erprobt sind, stehen dabei zur Verfügung. Der ländliche Raum bedarf freilich spezifisch anderer Maßnahmen als ein strukturell schwacher Stadtteil. Die Unterstützung von Existenzgründern durch Informationen über Fördermöglichkeiten, der Aufbau von Netzwerken sowie die Steigerung der Kaufkraft und der Nachfrage durch gezielte Qualifizierung und die Initiierung von lokalen Arbeitsmarktprojekten sind jedoch in Stadtteilen wie im ländlichen Raum anwendbar. Vor allem ist eine niedrigschwellige Förderung von Existenzgründern und kleinen Betrieben wichtig. Ziel ist letztlich der Erhalt von Attraktivität und Lebensqualität, die freilich unterschiedlich interpretiert werden, aber doch gewisse Minimalanforderungen erfüllen müssen. Junge Abwanderer kommen eher zurück, wenn diese Voraussetzungen stimmen.

Eine soziale Ökonomie soll neue soziale Unternehmen entwickeln. Diese sollten vor allem lokal nachgefragte Dienstleistungen anbieten, die über den Markt nicht bereitgestellt werden können.[50] Beispiele hierfür sind Gemeindebetriebe, Gemeindeservices, hauswirtschaftliche Dienstleistungsagenturen, Schulküchen, Bibliotheken sowie Gemeinde- und Kulturcafés.[51] Dieser dritte Sektor eignet sich, um gering qualifizierte Personengruppen zu integrieren und über den ,Gemeindedienst' zu beschäftigen, weiterzubilden und zu motivieren. Er bildet auch die Keimzelle für ein neues Gemeinwesen. Nicht nur die Abwanderung junger Menschen soll gedämpft und eine Ortsidentität geschaffen, sondern es soll auch der Gewinn neuer Gemeindemitglieder durch die Verbesserung dieser Voraussetzungen erreicht werden. Eine große Hürde bleibt jedoch die Finanzierung: Gelder aus dem Europäischen Sozialfond, dem Europäischen Landwirtschaftsfond für die Entwicklung stehen zur Verfügung, sind aber immer auf bestimmte Bereiche begrenzt und an Vorgaben gebunden. Zum Beispiel ist es je nach Projekt und Fond nicht möglich, Personalkosten mit den Fördermitteln zu decken.[52] Mit dem Konzept eines Regionalfonds könnten die Mittel zielgerichteter eingesetzt werden: Die Vielzahl der Programme wäre unnötig, da die lokale Ebene den Einsatz der Mittel an den Gegebenheiten vor Ort ausrichten kann. Dadurch wäre auch die Strategie der Kleinstunterstützung im Rahmen von 1.000 bis 5.000 Euro möglich.[53] Unter dem Motto ‚ein Antrag reicht' und dem Grundprinzip einer Auftragsstruktur (im Gegensatz zur Befehlsstruktur) kann die regionale Handlungsfähigkeit erhöht werden, was allerdings ein Umdenken auf Landes-, Bundes- und EU-Ebene voraussetzt.

Das Zusammenspiel dieser verschiedenen Ebenen ist vermehrt zu beobachten und zu optimieren. Es ist aber auch im Sinne erhöhter demokratischer Legitimität zu verbessern. Man wird die Europaresonanz wie auch die Resonanz für eine Art von Weltbürgerschaft (erdverbunden als Bewohner einer Welt) nur erhöhen können, wenn man die einzelnen Ebenen, die es zu kombinieren gilt, nicht verwässert. Es geht also gleichsam um das Einleiten eines Prozesses der Dezentralisierung der europäischen Integration, die nicht länger nur ein gewissermaßen nationales Projekt mit umgekehrten Vorzeichen sein kann, sondern vermehrt eine Vielzahl von regionalpolitisch verankerten, überschaubaren Projekten, in deren Mittelpunkt die Bürger stehen, die diese Projekte beurteilen können.

Ehrlichkeit muss der Bevölkerung entgegengebracht werden, die in absehbarer Zeit bei ausbleibender Trendumkehr ihren Heimatort entweder verlassen oder sich mit Einschrän-

kungen in der Daseinsvorsorge arrangieren muss. Feststeht, dass eine Trendumkehr aus eigener Kraft, also durch die Erhöhung der Fertilitätsrate nicht kurzfristig zu schaffen ist: „Die Zahl der Sterbefälle nimmt zu, die Zahl der Geburten ab. Dadurch erhöht sich das Geburtendefizit bis 2050 selbst bei einem jährlichen Einwanderungsüberschuß von zum Beispiel 150.000. von zur Zeit rund 100.000 auf 661.000 (...). Diese Entwicklung spiegelt den starken Einfluß der Altersstruktur wider, die bereits eine Eigendynamik der Bevölkerungsschrumpfung in Gang gesetzt hat, die bis zum Jahr 2060 selbst dann dauernde Geburtendefizite zur Folge hätte, wenn sich die Zahl der Lebendgeborenen pro Frau bis 2020 auf 2,1 erhöhen und gleichzeitig pro Jahr 150.000 Personen netto nach Deutschland ziehen würden. Unter diesen eher unrealistischen Voraussetzungen würde die Bevölkerungszahl trotzdem bis 2050 auf 73,5 Mio. und bis 2100 auf 69,5 Mio. abnehmen."[54] Um dieser Entwicklung entgegenzutreten, müssen einerseits die Rahmenbedingungen für zukünftige Familien durch Kindertagesstätten und monetäre Unterstützung seitens des Staates verbessert werden.[55] Denn so groß der Anteil derer auch ist, die sich aus freien Stücken gegen ein Kind entscheiden, der Kinderwunsch liegt in Deutschland immer noch deutlich über der tatsächlichen Geburtenrate.[56] Andererseits müssen die Migration nach Deutschland und die Integration derer, die kommen, besser gefördert werden. Deutschland muss ein chancenreiches Einwanderungsland erst noch werden, was ein hohes Maß an Toleranz und Offenheit voraussetzt.

8. Solidarität, Sicherheit und Anregungen

Für die meisten Menschen ist Toleranz etwas Grundlegendes und persönlich Wichtiges für das alltägliche Zusammenleben, das sie auf unterschiedliche Weise erfahren und interpretieren. Sie können mit dem Begriff etwas anfangen. Man sollte sie daraufhin befragen und darüber reden und würde dann auf eine ebenso aufschlussreiche wie lehrreiche Gebrauchstheorie der Bedeutung von Toleranz kommen, denn ein Wesen der Bedeutung gibt es nicht (Wittgenstein). Die Bedeutung ist auch etymologisch nicht festgelegt: Semantischer Konservatismus hindert uns am selbständigen Denken, das immer auch Weiterdenken ist. Oft wird ein Begriff in der Alltagssprache, so auch die Toleranz, mit anderen Konzepten verknüpft, zum Beispiel ausdrücklich mit dem Wahrnehmen und Zuhören können oder mit der Solidarität.[57] Solche Verknüpfungen sind weiterführend.

Für das ‚Tolerante Brandenburg' wird es in den nächsten zehn Jahren überlebenswichtig werden, Toleranz mit Solidarität verbinden zu können, das heißt konkret: mit der frühzeitigen und breiten Diskussion der gesamtregionalen Solidarität eines neuen Bundeslandes Berlin-Brandenburg, welches 1996 am Votum der Brandenburger Bevölkerung scheiterte, zu beginnen, zumal der Solidarpakt II, der seit 2009 stufenweise abgesenkt wird, und die EU-Förderung als Zielgebiet 1 bald auslaufen wird. Wenn Berlin-Brandenburg ab 2014 offiziell nicht mehr zu den struktur-

schwachen Regionen Europas zählt, wird eine selbsttragende Entwicklung in verschiedener Hinsicht erst recht vonnöten. Dann beginnt eine neue, bis 2020 befristete Förderperiode der Europäischen Union. Darin ist ein Selbst involviert, zu dem Freiheit, Toleranz und Solidarität gehören, eine Art Selbstbefreiung. Diese Werte-Triade kann bei aller Differenz das gemeinsame Segel bilden für die neue historische Situation nach der Nachwendezeit und eine Zukunft des Weniger in wohlbestimmten Hinsichten.[58]

Auch eine ‚Gesellschaft des Weniger' hat Chancen. Die entscheidende Frage ist jedoch, wo weniger und wie. Man wird dabei seine Würde nicht verlieren, im Gegenteil: Es gibt akzeptable Unterschiede und Unterschiede, die nicht akzeptabel sind und deshalb verringert werden müssen. Die neue Solidarität eines neuen Bundeslandes Berlin-Brandenburg könnte darauf hinwirken, jedoch ohne neue Illusionen zu erzeugen, wie dies 1996 in einer nicht nur hastigen, sondern auch fehlerhaften Kampagne ‚von oben' geschehen ist. Direkte Demokratie verlangt dagegen eine anspruchsvollere Vorbereitung und Durchführung, sie ist alles andere als eine demoskopische Knopfdruck-‚Demokratie'. Sie hat etwas mit Konsequenz und mit harter Arbeit zu tun. Wer aber trägt die Konsequenzen, und wer nimmt die Arbeit auf sich? Diesbezüglich darf es kein Weniger geben. Vielmehr gehört die frühe und breite

Entwicklung einer demokratischen Bürgerkultur zur Bildung und Ausbildung. Zur Bildung gehört die politische Bildung zentral und nicht bloß marginal hinzu.

Ein sehr konkretes und dringliches Hauptproblem ist die Abwanderung (etwa 12.000 junge Leute wandern jährlich aus Brandenburg aus!), die damit zu tun hat, dass 2010 jeder dritte Brandenburger keinen Vollzeitjob hat und die Löhne auch 20 Jahre nach der staatlichen Einheit weiterhin deutlich unter Westniveau liegen (bei 77 Prozent).[59] Das Prekariat mit wachsender Armutsgefährdung ist kein günstiger Nährboden für belastbare Toleranz mit riskanten Perspektiven. Diese und andere Strukturprobleme können mit mehr Freiheit und Toleranz allein nicht gelöst werden, worin vor allem die objektiven Grenzen der Toleranz bestehen. Die subjektiven Grenzen sind dagegen leichter verschiebbar, allerdings in positiver wie negativer Richtung. Die liberale Moderne der größtmöglichen Freiheit aller bedarf deshalb ebenso der solidarischen Moderne, die für sozialen Ausgleich und Lebenschancen sorgt. Das sind in unserem Kontext lokale und regionale Zusammenhänge der Sicherheit, Solidarität und Perspektive. Ein materielles Fixum (Grundeinkommen, Mindestlohn, würdiges Existenzminimum) ist dafür ebenso notwendig wie Anregungen und Angebote. Schwermut als Zustand muss auch in dünnbesiedelten Regionen ohne Horizont nicht aufkommen, stattdessen ist die gelassene Unentwegtheit von Pionieren gefragt. Die Provinz findet heutzutage im Kopf statt und nicht auf dem Land. Die jungen Menschen, die abwandern, sollen wieder Gründe haben, in ihre Heimatregion zurückzukehren. Dies wird nicht die ‚soziale Heimat' dergestalt sein, auf die rechte Nationalisten in verlassenen oder aufgegebenen Regionen und Gemeinwesen hinarbeiten, wobei sie mit zwei verfänglichen Schlagworten operieren: dem „Volkstod" und der Gleichsetzung von „national" (im ethnischen Sinne) mit „sozial"- Heimat als Trutzburg.

Stattdessen wollen wir gemäß der neuen Brandenburger Verfassung Volk mit ‚people' übersetzen, und darauf hinwirken, das Soziale wechselseitig neu zu erfinden und zu bestimmen. ‚Ethnos' (Abstammungsgemeinschaft) und ‚Demos' (aktive Bürgerschaft) sind zu unterscheiden. In der demokratischen politischen Theorie gebührt dem verfassungsmäßig definierten Demos die Priorität. Dies schließt Spannungen zwischen den verschiedenen Bezugsebenen des Volkes nicht aus. Doch lebt eine zivile Demokratie von ihrer historisch vielgestaltigen Inter-Ethnizität, was selten konfliktfrei ist. Sämtliche Missstände auf eine Ethnie zu reduzieren, wie dies Sarrazin und seine Gefolgsleute exemplarisch für Neukölln tun, und dieser Ethnie zusätzlich eine Änderung dieser Missstände nicht zuzutrauen, bedeutet hingegen, sie zu entfremden und aus dem Demos bzw. der Demokratie auszuschließen.

Ein zweites ebenso schwerwiegendes Problem verweist weiterhin auf ein fehlendes Klima der Toleranz, wenn damit kühner Pragmatismus und mutige Handlungen verbunden sind. Auch 2010 wird trotz erheblichem Fachkräftemangel noch wenig getan, um die Einwanderung zu erleichtern. Sie wird immer noch nicht als positiver Beitrag zur Volkswirtschaft und als gesellschaftliche Bereicherung wahrgenommen. Nicht einmal die Anerkennung von Berufsabschlüssen ausländischer Fachkräfte ist bisher erfolgt. Ausländische Studenten, deren Zahl zunimmt, haben es aufgrund bürokratischer Hindernisse schwer, schwerer jedenfalls als anderswo, in Deutschland einen Job zu finden. Warum gelingt es zum Beispiel nicht, mehr polnische Studenten und junge Wissenschaftler an der Universität Potsdam zu halten? Obwohl sie ebenso gut deutsch wie englisch sprechen und gerne in Deutschland bleiben würden, arbeitet man nicht wirklich daran, ihnen hier eine spezifische Perspektive zu eröffnen. Es verwundert, dass das große Nachbarland an der hiesigen Universität kaum vertreten ist. Dasselbe gilt auch in Bezug auf Frankreich, das andere große Nachbarland. Statt solchen neuen Attraktionen für alle, insbesondere für wirklich internationale Hochschulen und Universitäten, findet vielmehr ein Exodus der Talente statt. „Länderübergreifend gibt es auch Studierende, die ganz klar sagen, dass sie wegen des politischen Klimas nicht mehr in Deutschland bleiben wollen."[60] Das schöne, aber oberflächliche Wort 'Willkommenskultur' hat viel mit dem zu tun, was das Toleranzedikt als Stadtgespräch, in das die Hochschulen eingebunden sind, erreichen will.

Deutschland insgesamt, nicht nur Ostdeutschland, ist inzwischen eher ein Abwanderungs- als ein Zuwanderungsland, insbesondere für die eigenen Talente, die nicht zufällig am liebsten in die Schweiz, die skandinavischen Länder, die USA und Kanada ziehen. Ein modernes Einwanderungsrecht fehlt, obwohl mit dem Süssmuth-Bericht von 2001 ein sachlich fundierter Minimalkonsens vorliegen würde. Dieser sieht nach kanadischem Beispiel ein Punktesystem als Kriterienkatalog sowie ein arbeitsmarktbezogenes Engpassverfahren vor. Kanada praktiziert nicht nur eine offensive Anwerbepraxis, sondern garantiert auch den Familiennachzug. Deutschland bräuchte angesichts der demographischen Entwicklung gerade jetzt eine vernünftige Migrationspolitik mit guten Integrationsbedingungen, in zwanzig Jahren ist es dafür zu spät. Die Talentschmiede, die Deutschland weltweit und objektiv ist, muss darüber hinaus versuchen, für diese Talente eine Heimat zu werden. Die Formel mit den drei großen ‚T' (Technologien, Talente und Toleranz) des Stadtsoziologen Richard Florida hat viel für sich, nur sollte sie für alle Gruppen der Gesellschaft gelten, damit sie ihre je eigene Kreativität einbringen können. Die Gründung von Kreativnetzwerken, wie kürzlich in Potsdam, wäre so ein Ansatz. Schon bald 100 Firmen der Kreativwirtschaft haben sich hier zusammengeschlossen.

Für die Städte wird entscheidend sein, die städtische Toleranz mit der Thematisierung der sozialräumlichen Entwicklung in ihnen zu verknüpfen. Forschung bedeutet nicht, die Realität eins zu eins abzubilden oder abbilden zu können, sondern bedeutet, mit der komplexen Wirklichkeit in einen Dialog zu treten. Solche Feldforschung, die das Gespräch mit den Betroffenen sucht und von ihnen ebenso lernt wie umgekehrt, geschieht viel zu wenig. Sie begleitet eine wirkliche Debatte, die diesen Namen verdient. Dies verlangt allerdings ein anderes Nachdenken und Forschen. Wir müssen jetzt alle mehr erfahren, wissen und lernen, wenn wir über Zuwanderung und Integration diskutieren wollen, denn Zuwanderung muss demokratisch gewollt und gesellschaftlich bewältigt werden, ansonsten wird sie scheitern. Dafür hat auch die Wirtschaft in einer Bürgergesellschaft, die das für ihre Fachkräfte fordert und Talente braucht, eine Bringschuld, da sie heutzutage ohnehin das dynamisch-prägende System im weltweiten Wettbewerb ist. Der Politik als System lässt sich überdies einerseits nicht alles zuschieben, andererseits muss das Politische vermehrt als das Bürgerschaftliche im demokratischen Sinne verstanden werden. Die Toleranzbelastungen gerade für eine konkurrenzorientierte Exportnation, die altert, werden in den nächsten Jahrzehnten absehbar zunehmen, wenn man ein Land der Chancen für In- und Ausländer werden will. Darauf muss man sich in der Jetztzeit einstellen. Insofern lohnt es sich, die Tiefenbohrungen nicht zu früh abzubrechen. Vielmehr gilt es auszuloten, was heute ein selbstbestimmtes Leben bedeutet, bei dem sich regional und global auf neue Weise verbinden können, ohne den Illusionen eines unpolitischen Kosmopolitismus zu verfallen. Die Freiheit in Verantwortung erwächst aus Verbundenheit, die sich erweitern und differenzieren kann. Das gehört zur inzwischen komplexen Idee der Bürgerschaft, die sich auf verschiedene Ebenen und Grenzen bezieht.

Aktion zum 325. Jahrestag des historischen Edikts von Potsdam: Kinder befestigen die Fahnen der Herkunftsländer aller heute in Potsdam lebender Migrant/innen.

9. Die Idee der Bürgerschaft ernstnehmen

Die Ausweitung des Toleranzbegriffs hat Vor- und Nachteile. Man muss sehen, dass der weite Toleranzbegriff produktiv bleibt und nicht leichtfertig mit ihm umgegangen wird – bei aller Mehrdeutigkeit, die an sich kein Makel ist und anderen grundlegenden Begriffen der politischen Sprache wie Freiheit, Gleichheit, Solidarität und Gerechtigkeit ebenso eignet. Über sie alle wird noch weit mehr geschrieben, ohne dass es zu einer definitiven Klärung der Begriffe oder gar einer allgemein verbindlichen Definition gekommen ist. Wie auch? Politische Begriffe sind historische Begriffe. Deshalb ist die Begriffs- und Ideengeschichte zwar ein erster unumgänglicher Schritt zum überlegten Gebrauch von Worten, ein zweiter ebenso notwendiger Schritt bleibt freilich das eigene Nachdenken, das Gespräch und die daraus folgende Praxis, die Konzepte weiterentwickeln kann – Wittgensteins Sprachspiele, die mit bestimmten Lebensformen verbunden sind.[61] Die aktive Toleranz ist heute zu erneuern, sie muss lernen und lernfähig bleiben.

Für den weiten Toleranzbegriff spricht, dass er Bündnisse und Allianzen bilden kann (‚Tolerantes Brandenburg', ‚Tolerantes Lübben', ‚Tolerantes Bad Saarow', ‚Tolerantes Teltow' usw.). Das ist wenig und zugleich viel. Genauso wie weich nicht schwach bedeutet, sorgt nämlich die offene und tolerante Weite für Motivation, Sammlung und Bewegung, weil viele etwas Verschie-denes und möglicherweise doch Gemeinsames oder zumindest Ähnliches, was in der Praxis oft genügt, damit verbinden. Außerdem ermöglicht sie selbstbestimmte (Re-)Spezifikationen, was sich an zahlreichen originellen Projekten gerade im Integrationsbereich zeigt. Aufklärung als praktische Philosophie kann daran anknüpfen, wie sie es anregen und reflexiv begleiten kann: Sie ist philosophisch und praktisch zugleich. Mehr lässt sich wohl kaum erreichen, als Ideen und Gedanken Leben zu verleihen. Ist nicht dieser Übergang das Hauptproblem? Praktische Philosophie als Aufklärung muss Bündnisse stiften können – heute mehr denn je. Die zahlreichen Projekte gilt es schließlich wieder zu verknüpfen. So entsteht ziviles Wachstum, für das die praktische politische Theorie eine Verantwortung trägt. Sie ist damit eine Konkretisierung der Aufklärungsidee. Für Potsdam heißt das beispielsweise: Toleranzedikt, Integrationskonzept und die Unternehmensinitiative ‚Charta der Vielfalt' zusammenzuführen. Sie sollen sich wechselseitig unterstützen, damit sie möglichst breit in die vielfältige Stadtgesellschaft diffundieren. Dies erfordert einen langen Atem. Die Indifferenz von vielen ist etwas, womit man rechnen muss. Erfahrungen und Erwartungen dürfen deshalb nicht zu weit auseinanderklaffen.

Im Zentrum steht die Idee der Bürgerschaft, die sich auf verschiedene Ebenen in Raum und Zeit beziehen kann.

Das ist eine politische Idee im Sinne des durchaus nicht konfliktfreien Zusammenlebens verschiedener Menschen und gesellschaftlicher Kräfte. Daueraktivismus ist damit nicht gemeint. Obwohl beispielsweise Unternehmen Organisationen mit Gewinninteresse sind (weswegen die Lohnabhängigen auch nicht Bürger ihrer Unternehmen sind), können sie dennoch im Sinne einer Stadt der Bürgerschaft als kreative Stadt handeln. Sie können sich mit ihrem Personal auf verschiedenen Feldern und auf unterschiedliche Weise bürgerschaftlich engagieren. Ihr Wissen und ihre Problemwahrnehmung sind in der Stadtentwicklung gefragt. Das nützt den Unternehmen vor Ort – macht sie beliebt und bekannt – und das nützt den Orten, die mit ihren Besonderheiten im Zuge der Globalisierung nicht weniger wichtig, sondern *wichtiger* werden.

Wir haben im Toleranzedikt zwei lehrreiche Beispiele für Unternehmen als Bürger der Stadt Potsdam: ,Oracle' an der Schiffbauergasse und ,Pro Potsdam'. Die Wohnungsgesellschaft Pro Potsdam GmbH unterstützt seit Jahren den Verein Soziale Stadt Potsdam e.V., der zahlreiche Nachbarschaftsprojekte durchführt, und stiftet jährlich einen „Sonderpreis Nachbarschaft" beim städtischen Integrationspreis. Oracle steht mit seiner Selbstverpflichtung[62] als weltweiter Anbieter von Unternehmenssoftware für ,global denken, lokal handeln'. Es praktiziert eine offene und faire multikulturelle Unternehmenskultur, die zu Wertfragen, etwa Menschenrechtsfragen, klar Stellung bezieht. Das

eine schließt das andere nicht aus, wie in der deutschen Diskussion gerne vorschnell unterstellt wird, die den ,Multikulturalismus' schon scheitern sieht, bevor er überhaupt begonnen hat. Er beginnt interkulturell – in kleinen Schritten, die von jedem selber unternommen werden müssen. Je früher sie jedoch beginnen, desto besser. So wächst die Moral der Achtung, die unumgänglich bei uns selbst, in den Familien, Kitas, Schulen beginnt und ebenso in größeren Zusammenhängen gefestigt werden muss. Dieses zivile Wachstum braucht Zeit, Gelegenheiten und Toleranz. Es stiftet Grundvertrauen, das jedes Gemeinwesen braucht.

Die Interkulturelle Woche (7. bis 18. September) fand 2010 in Potsdam zum 20. Mal statt. Statt solche Veranstaltungen zu besuchen und in den lokalen und regionalen Medien zu begleiten, um etwas über andere Menschen, Integrationsprobleme und Lösungsmöglichkeiten zu erfahren, gehen zum selben Zeitpunkt massenhaft viele jedoch lieber zu einer Lesung über ein Buch, in dem Deutschland sich abschafft, obwohl es sich seit 1989 wieder neu erschaffen hat. Neugier sieht anders aus. Vielmehr grassiert die Angst, dass die Deutschen heimatlos in ihrem großem Land werden und das spezifisch Deutsche verschwindet: „Das wird man doch noch sagen dürfen". Freilich darf man es sagen, man sollte es aber auch problematisieren: Die Zukunft der Nation ist eine demokratische Frage, in Zeiten der Globalisierung vielleicht sogar *die* demokratische Frage. Diese – oft auch polarisierte – Auseinandersetzung ist unvermeidlich. Zwischen einem profunden Patriotismus, der bürgerschaftszentriert ist, und einem destruktiven Nationalismus, ist jedoch deutlich zu unterscheiden, wenn auch die roten Linien nicht immer leicht zu ziehen sind. Für eine Orientierung, die nicht mehr aus der Zukunft von Utopien kommt, ist deshalb eine Auseinandersetzung mit den Thesen von Sarrazin, die ohnehin weit verbreitet sind, unumgänglich. Wenn dies selbst an Universitäten und in Universitätsstädten aus Sicherheitsgründen, wie jüngst in Berlin an der Technischen Universität und in London an der London School of Economics and Political Science, nicht möglich ist, so ist das kein gutes Zeichen.

Die Ausrichtung von Sarrazins Argumentation ist klar: „Kinder statt Inder" (Rüttgers), und überdies: Es gibt nicht nur zu wenig Kinder, es bekommen auch noch die Falschen die Kinder: „Mehr Kinder von den Klugen, bevor es zu spät ist."[63] Das Sarrazin-Gen spielt eine Hauptrolle im Sarrazin-Theater. Aufgrund fragwürdiger Vererbungslehren, die von Wissenschaftlern, die zitiert werden, selber in Frage gestellt werden[64], und zweifelhafter Spekulationen mit Statistiken wird mit solchen Thesen das Geschäft der Angst, aus der Politik wird, pseudowissenschaftlich (vermittels unbewältigter Naturwissenschaft, z.B. über Gene[65]) genährt: „Demographisch stellt die enorme Fruchtbarkeit der muslimischen Migranten eine Bedrohung für das kulturelle und zivilisatorische Gleichgewicht im alternden Europa dar."[66] Für diesen

Kulturpessimismus haben die glücklich wiedervereinigten Deutschen nun wahrlich keinen Grund: „Deutschland wird nicht mit einem Knall sterben. Es vergeht still mit den Deutschen und mit der demographisch bedingten Auszehrung des intellektuellen Potentials. Das Deutsche in Deutschland verdünnt sich immer mehr, und das intellektuelle Potential verdünnt sich noch schneller. Wer wird in 100 Jahren ,Wanderers Nachtlied' noch kennen? Der Koranschüler in der Moschee nebenan wohl nicht."[67]

Kennen es die Deutschen? Die Berliner (auch die ,Koranschüler') haben heute, nachdem die Mauer gefallen ist, zumindest die Möglichkeit, durch den Thüringer Wald („wo Deutschland am deutschesten ist", so Stephan Hermlin[68]) bei Ilmenau zu spazieren[69], wo Goethe 1780 das Gedicht an eine Jagdhütte geschrieben hat. Heute ist es in 16 Sprachen übersetzt. Das ist der ebenso berechtigte wie harmlose Teil der Verallgemeinerungen ,Marke Sarrazin'; der zweite Teil, der sich auf Muslime (die „Koranschüler der Moschee") bezieht, ist dagegen keineswegs harmlos, sondern arbeitet mit Unterstellungen, bei denen der Applaus von der falschen Seite sicher ist. Dieser schürt das Misstrauen der Bürger untereinander und gießt Öl ins Feuer. In Berlin gab es Ende 2010 innerhalb kurzer Zeit sechs Brandanschläge auf islamische Einrichtungen. Die Angst vor weiteren Anschlägen steigt. Bisher konnten die Feuer schnell gelöscht werden.

In diesem Zusammenhang sorgt das Kopftuch für besondere Aufregung. Für viele geht es dabei um Toleranz, die Alice Schwarzer und andere für „naive Toleranz" halten. Sarrazin zitiert an dieser Stelle sogar die Schweizer Frauenrechtlerin Julia Onken, die für das Minarettverbot gestimmt hat.[70] So weit geht inzwischen das Misstrauen. Für Sarrazin ist das Kopftuch sichtbares Zeichen für das Wachsen muslimischer Parallelgesellschaften.[71] Diese sind Thema eines eigenen Abschnitts im Buch[72], danach folgt ein Abschnitt über Neukölln als „exemplarischen Stadtteil"[73], danach die zentrale Aussage: „Ich möchte nicht, dass wir zu Fremden im eigenen Land werden, auch regional nicht."[74] Schließlich folgt der eigentlich zentrale Abschnitt unter dem Titel „Eroberung durch Fertilität?", welche die Abschaffung Deutschlands zur Folge hat, denn „wer sich stärker vermehrt, wird am Ende Europa besitzen."[75] Ein echter Deutscher ist heute eben auch ein echter Europäer, was immer das heißt. Beide Male, in Bezug auf sein eigenes Land wie in Bezug auf Europa, hat dies etwas Großspuriges, was zum Theaterdonner gehört. Hier geht es aber tatsächlich um das Selbstverständnis als Deutscher, das zivil bleiben sollte. Im Unterschied dazu ist der Satz „Der Islam gehört nicht zu Deutschland" ausgrenzend-unzivil. Und wenn er ausgerechnet von einem Innenminister ausgesprochen wird, wirkt er geradezu bedrohlich.

Aus Statistiken werden weitreichende Schlussfolgerungen gezogen, die zum Sarrazin-Theater führen, das freilich mehrere Produzenten, ja Multiplikatoren und Darsteller, aber keinen Regisseur hat. Auch Sarrazin ist nicht der Regisseur seines Erfolgs, obwohl er ohne Eitelkeit sagen kann, dass er eine Staatskrise hätte auslösen können. Das wiederum ist nicht übertrieben: Das Sarrazin-Theater ist ein überdimensionierter Spiegel des Landes, in dem es stattfindet und soviel Gefallen findet. Sarrazin wird aber weder eine neue Partei gründen, noch Führer einer rechten sozialen Bewegung werden; zu gegebener Zeit werden das andere für ihn übernehmen. Er will bis an sein Lebensende SPD-Mitglied bleiben, und die Mehrheit der Genossen sieht das wohl ebenso.

Wir leben seit der Neuzeit in einer wissenschaftlich-technischen Zeit der Machbarkeit, die sich in Zahlen messen und beweisen lässt. Deshalb gibt es den verbreiteten Hyper-Aktivismus, der sich ständig beweisen muss, die unaufhörliche Selbstlegitimation von allem und jedem. Die Wissenschaft (im Sinne von ‚science', auch ‚social science') genießt dabei eine hohe, oft unwidersprechliche Autorität, eine höhere jedenfalls als Politik und Medien, die viele verachten, obwohl wir sie alle benutzen. Ein szientistisch verengter Wissenschaftsbegriff und eine Wettbewerbsillusion als Messbarkeitsillusion verkürzen die Wirklichkeit drastisch und sind gerade deshalb erfolgreich bei der Weltbeherrschung. Deswegen ist heute in der demokratischen Politik der Herr über die Zahlen meist auch der Herr über den Common sense. Der ‚gesunde Menschenverstand', das heißt: ein aufgeklärter und widerspenstiger Common sense, der eigene Erfahrungen ins Spiel bringt, darf sich indessen vom Effizienzdenken (Herrschaft des Benchmarking) nicht beherrschen und dumm machen lassen, was leichter gesagt als getan ist. Der Mangel an Urteilskraft ist das, was man Dummheit nennt.[76] Intelligenz schützt vor Dummheit nicht. Urteilskraft muss vielmehr eingeübt werden. Politische Theorie ist im besten Falle *eine* Schule der Urteilskraft.

Inzwischen gibt es einen empirischen Gegenentwurf zu Sarrazins Thesen[77], der zum einen andere Schlüsse aus anderem Datenmaterial zieht und zum anderen die Schlussfolgerungen Sarrazins aus seinem Datenmaterial kritisiert. Zum Beispiel bezieht er sich auf den empirischen Beleg dafür, dass das Kopftuch sichtbares Zeichen dafür sei, dass Muslime zunehmend in Parallelgesellschaften verharren. Die Studie, die Sarrazin anführt, hatte jedoch lediglich danach gefragt, ob die Frauen dem Kopftuch zustimmen und nicht ob sie es tatsächlich tragen.[78] Außerdem belegt eine spezifische Studie den gegenläufigen Trend, dass in der zweiten Generation sieben Prozent weniger Migrantinnen ein Kopftuch tragen.[79] Die Zahlen hinsichtlich Schulabschluss und Bildungsniveau widersprechen ebenfalls Sarrazins negativer These, wonach es keine positive Entwicklung gibt.[80] Sowohl in Bezug auf Schlussfolgerungen aus Datensätzen wie auch in Bezug auf Wertungen sowie Gesichtspunkte der Bewertungen und unterstellte Konsequenzen sind deshalb dringend weitere Unterscheidungen vonnöten. Bei allem Zahlenwerk ist es gleichwohl „statistischer Analphabetismus" (Brachinger), wenn man nicht zwischen religiöser Zugehörigkeit und nationaler Herkunft, zwischen türkischstämmigen Migranten und Muslimen aus dem Iran usw. unterscheidet. Noch folgenreicher ist indessen die Ineinssetzung des Islams, den es so in der Einzahl nicht gibt, mit Gewalt und Fanatismus. [81] Mit diesem Denken bringt man kein Bündnis gegen den Fanatismus zustande, sondern arbeitet ihm in die Hände. Die frühe Aufklärung wusste das noch, die angeblich nüchterne Abklärung der Aufklärung der Gegenwart hat das vergessen. Mit Unterscheidungen jedoch beginnt die (auch wissenschaftlich) unterstützte Aufklärung, die als praktische Philosophie zur Orientierung beitragen kann. Politische Theorie der Bürgerschaft und Demokratie ist ein Ausschnitt davon. Diese Aufklärung macht Sinn und hat eine Perspektive auch ohne überschwängliche Perspektiven.

Wir unterscheiden folgende Ebenen des Denkens und Nachforschens, die ineinander verzahnt sind:
- Aufklärung als praktische Philosophie/praktische Philosophie als Aufklärung;
- Politische Theorie der Bürgerschaft und Demokratie (in Bezug auf Städte, Regionen, Nationen und EU);
- Politische Theorie und Politikwissenschaft;
- Politikwissenschaft interdisziplinär (Geschichte, Recht, Ökonomie, Soziologie u.a.).

Dies sollte kein Wissen von Experten bloß für Experten sein, was mühevoll und schwierig ist, sich aber trotzdem lohnt: nämlich Bildung und Biss, Theorie und Praxis im fruchtbaren Wechselspiel. Politische Theorie ist auf Praxis bezogen, ohne sich der herrschenden Praxis auszuliefern, auch nicht als Politikberatung.Sie ist ein Theoriegeflecht und kein System, aber immer problembezogen. Probleme sind für Menschen eine Chance, ihr Bewusstsein zu erweitern.

Der Kulturpessimismus ist dagegen eine politische Gefahr, welche den Rechtsextremismus salonfähig macht. Breitenwirksam wird dadurch der soziale Bezug auf die ängstliche und neidvolle Absicherung von Positionen sowie der kulturelle Konservatismus in Bezug auf Fragen der nationalen Identität verstärkt. So wie im Moment in Deutschland die liberalen Grünen, die gerade im Bereich, der uns hier interessiert, etwas mehr sind als eine „FDP mit Fahrrad"[82], einen Aufschwung erleben, so wächst ebenso der konservative und rechtspopulistische Widerstand dagegen entlang den Konfliktlinien um Integration, Zuwanderung und EU. Technokratie und Populismus schaukeln sich dabei gegenseitig hoch. Die Grünen, die in der Opposition den Ton angeben, genießen (noch) „Narrenfreiheit" (Mappus). Die in den letzten Jahren mühsam errungenen Positionen, Vielfalt als Chance zu begreifen, wie sie in Unternehmensinitiativen (‚Charta der Vielfalt'), städtischen Integrationskonzepten und neuen staatlichen Gesetzen zum Ausdruck gekommen sind,

können jetzt wieder schnell verspielt werden. Die deutsche Einheit in Vielfalt ist noch nicht vollendet, sie hat als demografisch alterndes Migrationsland erst begonnen und wird in den nächsten Jahren großen Bewährungsproben ausgesetzt sein.

Es ist absehbar, dass Einwanderung ein schwieriges Thema bleiben wird; es ist kein Modethema, allerdings eine willkommene Vorlage für populistische Politik, mit der sie bewusst Stimmen auf Kosten von Minderheiten sammeln kann. Dies weiß man, deshalb tut man es, nicht zuletzt um von anderen ungelösten Problemen abzulenken. Der französische Staatspräsident will 2012 wiedergewählt werden, also setzt er jetzt – nicht weit entfernt vom Front National– auf die Themen ‚Islam', ‚Einwanderung' und ‚Integration'. Sarkozy geht dabei weit über die schweizerische Minarettverbotsinitiative hinaus[83], indem er eine staatlich fixierte nationale Identität gegen eine ebenso fixe Identität von Einwanderern ausspielt, die im öffentlichen Raum unsichtbar werden soll. Angesichts neuer Flüchtlingsprobleme (Tunesien, Libyen) entsteht zurzeit mitten in Europa eine neue nationalkonservative Front (Merkel, Cameron, Sarkozy, Berlusconi) – Kerneuropa als volles Haus! Dies widerspricht dem Geist von Merkels wichtiger Rede am 17.1.2007 vor dem EU-Parlament: „Europas Seele ist die Toleranz." Der Weg dazu ist: „Man muss auch mit den Augen der Anderen sehen, ja das Andere wollen." Derzeit stößt diese Moral in der EU schnell an Grenzen. Dabei geht es nicht darum, was sowohl legal als auch legitim ist, nämlich vor Intoleranz zu schützen, sondern um die EU als aggressive Festung (Frontex). Wenn das große Ziel der europäischen Einigung, wie in Merkels Rede verkündet, im Miteinander der Völker besteht, dann gehört der ganze Mittelmeerraum dazu. Die Mittelmeerunion ist deshalb auf die politische Agenda zu setzen, auch in Deutschland.

Auffällig in Deutschland ist die plötzliche, ja fast panikartige Übertreibung von Schwierigkeiten, auf welche vor Ort, in den Städten und Kommunen, schon längst aufmerksam gemacht worden ist, z.B. in Neukölln. Dort ist die Einwanderungsgesellschaft real. Offenbar sucht man Sündenböcke oder ist auf Stimmenfang. Von der maßlosen Übertreibung leben viele Medien, deren Selbstreferenz überdreht ist, sowie einige Politiker und Parteien. Die verzerrte Wahrnehmung der Realität fußt auf der selektiv vorgenommenen Fokussierung vor allem von privaten TV-Sendern auf Rand- und Problemgruppen. Ängstliche Menschen neigen zur Hysterie, und Heuchelei ist oft der Ersatz für Moral. In dieser hysterischen Kommunikation fehlt es nicht an Werten, wohl aber an Wertmaßstäben, an die man sich unter Druck und in Krisensituationen auch hält (Haltungen). Was wird zur Disposition gestellt, und was wird der Disposition entzogen? Darauf schauen die anderen, denen man Werte predigt. Auch in Brandenburg gibt es ein ‚Wertebündnis', welches der Bildungsminister angestoßen hatte, der nun wegen einer Dienstwagenaffäre zurücktreten musste. Schon ein Vierrad-Antrieb von BMW für die Winterferien reichte als Versuchung. Ist dieses Wertebündnis also wirklich ein Bündnis der Praxis? Oder ist es nur deklariert? Solche Werte sind im Unterschied zum positiven Recht mit seinen Verbindlichkeitsgründen (die Legitimität der Legalität) leicht zerbrechlich. Die Ministerrücktritte 2010 und 2011 in Brandenburg haben dafür wieder ein weithin sichtbares Beispiel gegeben. Nicht die Werte, wohl aber die Menschen, die sie vertreten, machen Fehler. Nicht jeder Fehler beschädigt jedoch die Glaubwürdigkeit der Werte und der Person, die sie verkörpert.

Heute wird erfolgreich und gerne gegen die Einwanderer Stimmung gemacht. Dies ist rund um den Globus so und stellt insoweit ein globales Phänomen dar, dem man allerdings nur vor Ort – in den Dörfern, Städten, Regionen und Ländern – beikommt. In Australien, einem klassischen Einwanderungsland, sinkt nach Übergriffen auf indische Studenten die Zahl der ausländischen Hochschulbewerber: „Internationale Studenten sind die ‚Straßenverkehrsopfer' der Politiker auf deren Weg zur Macht."[84] Diese Situation ist inzwischen ein existenzielles Problem für viele Universitäten. „Kinder statt Inder" ist nicht nur ein verfänglicher, sondern in doppelter Hinsicht ein falscher Spruch. In Wien wurde 2010 ein Wahlkampf geführt mit der provokativen Zuspitzung ‚Ihr glaubt an die Zuwanderung' – ‚Wir (die vermeintlichen Superpatrioten, in diesem Fall die FPÖ, H. K.) glauben an unsere Jugend' – buchstäblich ein Glaubenskampf mit religiös-fanatischen Zügen! Berlin ist nicht Deutschland, liegt aber mitten in Brandenburg. Daraus folgt: Auch Neukölln mit seinen 307.000 Einwohnern gehört zu Brandenburg. Dieser Umstand könnte Anlass sein, etwas gegen die Provinzialität im eigenen Kopf zu tun.

Und vor allem: In Neukölln gibt es weder Slums noch holländische Zustände. Die Integration ist nicht gescheitert, obwohl es Defizite und Probleme gibt. Probleme sind indes noch keine Krise. Der Zustand der Integration hat einen besseren Ruf bei ihren Nutznießern als bei der Presse, bei der funktionierende Normalität ohnehin nicht auf großes Interesse stößt ähnlich wie bei der kritischen Theorie.[85] Die kritische Haltung besteht heute aber eher darin, Verblüffungsresistenz, ja Renitenz gegenüber Erfahrungen aus zweiter Hand, Imponiergehabe und Elitengeschwätz zu zeigen. Kritische Menschen sind Autodidakten. Das ist auch gemeint mit mündigen Bürgern, dass sich nämlich Erfahrung und Wissen mit dem Mut zu sprechen verbinden. Bürger müssen die wirklich wichtigen Veränderungen selbst in die Hand nehmen. Letztlich geht es in den politischen Auseinandersetzungen immer wieder – im Kleinen wie im Großen – um die Herrschaft über die Realität. Da diese aus vielen Puzzlesteinen zusammengesetzt ist, mithin komplex ist und zu großen Teilen konstruiert wird, bleibt die Frage, wer sie definiert. Dies gilt für jeden Politikbereich wie für die gesellschaftliche Realität insgesamt, die chaotisch und ungeordnet ist. Ausserhalb unseres Erfahrungskreises wissen wir wenig

von ihr. Informationen und Wissen sind nicht dasselbe. Es gibt nichts Komplexeres als die Realität. Und noch unermesslicher für ein singuläres Leben ist die Welt, denn auch die Welt des politischen Theoretikers bleibt schon aufgrund seiner geographischen Verortung unweigerlich eine kleine Welt. Deshalb ist es so wichtig, neugierig und offen zu bleiben. In den kleinen Welten sitzen wir überall fast, auch in New York. Das heißt nicht, dass wir deswegen borniert werden müssen.

Vier Erkenntnisse aus der Ideengeschichte des politischen Denkens kommen an dieser Stelle zusammen. Sie konnten mit den bisherigen Ausführungen belegt und können nun ergänzt und präzisiert werden:

1. Hauptzweck des Staates ist die Freiheit: Wenn es hart auf hart kommt, schützt er die Freiheit (Hobbes, Spinoza); es gibt infolgedessen Gründe für den Rechtsgehorsam; nicht die Gründe für den Gehorsam, der Gehorsam macht den Untertan (Spinoza). Die Legitimität des Ungehorsams in Ausnahmefällen hängt ebenfalls an den Gründen und seine Zivilität in einem funktionierenden Rechtsstaat, der selten ist, an seiner Friedlichkeit.[86]

2. Der Staat gehört den Bürgern, nicht umgekehrt. Die mündigen Bürger der Demokratie in einem freien Bürgerstaat verbinden Erfahrung und Wissen mit dem Mut zu sprechen und zu handeln (Aufklärung als Prozess). So können sie gemeinsam demokratische Handlungsmacht (potentia)

aufbauen, die etwas anderes ist als Politik auf der Basis von Machtbesitz (potestas). Diese verschiedenen Typen von Macht führen immer wieder zu Demokratiekonflikten in der Demokratie. Die Macht hat verschiedene Gesichter.

3. Die demokratische Regierungsweise beruht auf mehrheitlichen Beschlüssen. Sie kommt „der Freiheit, welche die Natur jedem einzelnen gewährt, am nächsten. Denn bei ihr überträgt niemand sein Recht derart auf einen anderen, dass er selbst fortan nicht mehr zu Rate gezogen wird; vielmehr überträgt er es auf die Mehrheit der gesamten Gesellschaft, von der er selbst ein Teil ist. Auf diese Weise bleiben alle gleich, wie sie es vorher im Naturzustand waren."[87] Das unterstreicht, wie grundlegend wichtig die Demokratisierung der Demokratie als Daueraufgabe ist, insbesondere für eine Gesellschaft, die sich als Bürgergesellschaft versteht, die inklusiv sein muss, wenn sie demokratisch und sozial bleiben will.

4. Die Kunst demokratischen Regierens besteht sodann darin, dass sie einerseits zu den notwendigen, gut begründeten Entscheidungen kommt (denn Politik kann nicht nicht-entscheiden), und dass andererseits niemand Angst haben muss, seine Meinung zu äußern, sowie die Bürger einander nicht zu fürchten brauchen (Montesquieu), wenn sie die notwendigen Veränderungen selbst in die Hand nehmen.

In Deutschland gibt es (noch) keinen Geert Wilders, der in den Niederlanden, einem Mutterland der Toleranz, mit seiner ‚Freiheitspartei' inzwischen mitregiert, wobei die Gewerkschaften schweigen, weil sie fürchten, Mitglieder zu verlieren. Fremdenfeindlichkeit ist auch in linken Organisationen und bei deren Unterstützern ein Problem. Politisch entscheidend ist indessen, welcher Stand die Verblüffungsresistenz, die nüchtern bleibt und unterscheiden kann, in einem aufgeheizten Meinungsklima noch hat, wovon das politische Urteilen abhängt. Auf letzteres kommt es ganz besonders an, wenn Mehrheiten entscheiden. „Was wir hier in Neukölln erreicht haben, hat Sarrazin wieder zunichte gemacht."[88] Dass Sarrazins Behauptungen, muslimische Migranten würden Deutschlands Zukunft bedrohen, auf soviel Resonanz stoßen, enttäuscht viele, vor allem Betroffene, die sich melden und empören oder sich nunmehr selber radikalisieren, wenn sie sich verfolgt fühlen. Die permanente Negativberichterstattung bleibt nicht ohne Wirkungen, sie untergräbt folgenreich das Minimalvertrauen und die Minimalsolidarität in einer Einwanderungsgesellschaft, die allmählich aufgebaut werden müssen.

Sprecht endlich mal mit uns, fordern deshalb viele Migranten. Dabei geht es um Gespräche auf Augenhöhe: „Wir kommunizieren zu wenig miteinander. Es wird lediglich in Talkshows und Parlamenten debattiert. Wenn die Politiker und sogenannten Experten ihre Redezeiten unterstützend in den migrantischen Familien verbringen würden, hätten wir in drei Monaten ein neues Deutschland."[89] Der gesunde Menschenverstand (Common Sense) muss in dieser Situation aufpassen, dass er gesund, mithin urteilsfähig bleibt. Der Blick auf das Konkrete, das Interesse aneinander und die Neugier aufeinander wirken humanisierend. Dieser Common sense muss allerdings eine zivile Masse erreichen, um Bestandteil der vorherrschenden Massenzivilität werden zu können. In den Talkshows auf mehreren Kanälen mit immer denselben Gesichtern, den „Spezialisten des Wegwerfdenkens" (Bourdieu) und der allgegenwärtigen Medien-Politik(er)-Symbiose dominieren die Schauspieler sowie die lauten und schrillen Meinungsmacher, die scharfen Kritiker oder die harten Verteidiger. Nur diese zwei Seiten mit ihren steilen Thesen werden auffällig. Die Vielen dazwischen werden nicht gesehen, geschweige denn gehört. Wer aber nicht zuhören will und wahrnehmen kann, der erfährt auch nichts. Unspektakuläre Kleinarbeit (und auf die kommt es in der Politik genauso an wie auf die sogenannte große Politik) hat kaum Chancen wahrgenommen und gewürdigt zu werden. Es gibt sie erfolgreich selbst an der Rütli-Schule und im Reuter-Kiez.

‚Interkulturelle Moderation' heißt zum Beispiel ein solches Modell aus Neukölln (es gibt mehrere ‚Neuköllner Modelle'!). Dies klingt theoretisch, ist aber sehr pragmatisch (weil städtisch), wie fast alles im Integrationsbereich. „Interkulturelle Moderatoren sind Sozialarbeiter mit Migrationshintergrund, die bei Elterngesprächen übersetzen

und kulturelle Missverständnisse klären. Durch ihre Präsenz an der Schule bauen sie auch zu den Schülern ein Vertrauensverhältnis auf. Ihr Einsatz ist flexibel: Erscheint ein Schüler nicht zum Unterricht, rufen sie zu Hause an, in gravierenden Fällen (etwa bei Schlägereien) statten sie den Eltern auch spontane Besuche ab."[90] Diese Kleinarbeit bestätigt unsere These, wonach Integration Zeit und Toleranz braucht (vgl. Kapitel 6). „Kulturveränderung an Schulen braucht Zeit, Geduld, Kontinuität und viel Engagement."[91] Bei allen Wünschen, die offen bleiben, insbesondere eine unsichere Finanzierung von Jahr zu Jahr, wird eine positive Zwischenbilanz gezogen: „An den beteiligten Schulen werden die Eltern der 7. Klasse zweimal pro Jahr ‚im Tandem' kontaktiert; es sei gelungen, einen Kern der Elternschaft zu aktivieren, und die thematischen Elternabende (etwa zum Schulsystem in Berlin) seien ausgesprochen gut besucht. Gemäß einer Neukonzeption sollen die interkulturellen Moderatoren in Zukunft auch über die Schule hinaus als ‚community organizer' für die Vernetzung in der Nachbarschaft eingesetzt werden."[92]

Man kann auf den Überdruss mit der Talkshow-Schwemme als Demokratieersatz setzen. Ebenso unentbehrlich bleibt es aber, mit den Vielen ins Gespräch zu kommen. Dieses Gespräch, das sich vom dominierenden Gerede nicht beeindrucken lässt, kann unterschiedliche Formen annehmen. Nahe bei den Menschen, Milieu-Grenzen überschreitend, muss es nicht gleich in die bestehende oder in eine zukünftige Demokratie-Architektur integriert werden. Die oberste Ebene für uns ist die lokale stadtpolitische Kommunikation. Was könnte das heißen, wenn wir nicht beim gegenwärtigen Allerweltswort ‚Kommunikation' stehen bleiben wollen?

10. Toleranzedikt als Stadtgespräch

Das kommunale Wohnungsunternehmen ‚Pro Potsdam' wird nicht nur seinem Namen gerecht, sondern auch seiner sozialen Verantwortung. Es hat den Verein ‚Soziale Stadt' im Haus der Kulturen und Generationen in Mitten eines Wohnquartiers im Schlaatz, dem Stadtteil mit dem höchsten Migrantenanteil (10 Prozent), ins Leben gerufen[93], der im Sinne des ‚community organising' dort arbeitet. 2010 hat dieses Verständnis von sozialer Stadt, das Toleranz einschließt und seine Spuren hinterlässt, den Integrationspreis der Stadt Potsdam bekommen. Beide Unternehmen – Oracle und Pro Potsdam – haben das Toleranzedikt als Stadtgespräch[94] nicht nur von Anfang an unterstützt, sie haben es auch in ihre Unternehmen hineingetragen und in die alltägliche Arbeit aufgenommen. Das Toleranzedikt überschneidet sich nicht nur mit der bundesweiten Unternehmensinitiative ‚Charta der Vielfalt', der sich in Potsdam im Rahmen des Toleranzedikts immerhin 30 Unternehmen angeschlossen haben (im viel größeren Hamburg waren es 40), es überschneidet sich auch mit dem Integrationskonzept der Stadt Potsdam: Acht Arbeitsgruppen mit 75 Mitgliedern haben sich daran beteiligt. Auch hier gibt es zahlreiche Anknüpfungspunkte mit dem Toleranzedikt und der Charta der Vielfalt. Unternehmen können zum Beispiel nicht nur an das zentrale Handlungsfeld ‚berufliche Bildung und Arbeitsmarktintegration' im Integrationskonzept anknüpfen, sie können

auch auf dem Handlungsfeld ‚sprachliche Integration' etwas tun, wo es große Defizite gibt, aber auch, wenngleich kleine, so doch originelle und wirksame Projekte wie „Mutti lernt Deutsch", „Nachbarschaftskultur", „Zimtzicken", „Samowar-Gespräche", „Afrikanische Gottesdienste" und vieles mehr.

Nachbarschaftsprojekte unter der Teilnahme vieler Menschen, die sonst nicht teilnehmen, sind dabei in den Mittelpunkt gerückt. Die Akteure haben die Kraft zur Integration, wenn man sie nicht allein lässt. Die Selbstbehauptung von Kommunen, Stadtteilen und Städten ist wichtig und darf man nicht unterschätzen. Ein kommunaler Aufstand ist vonnöten. Auf ihn ist zu bauen, er ist aber auch zu fördern in einem föderalistischen System, in dem die Städte zu Stiefkindern geworden sind. Städte und Kommunen bilden nicht weniger als die Substanz der Bundes- und Landespolitik und sind nicht deren Anhängsel, wie dies in der deutschen Politik (und Politologie) hin zum ‚unitarischen Bundesstaat' (Hesse) oder ‚verkappten Einheitsstaat' (Abromeit) oft unterstellt wird.

Eine EU, welche die Idee der Subsidiarität nicht konsequent verfolgt, verstärkt diesen Sog, der sich in eine Überfülle an Regulierungen umsetzt, noch zusätzlich. Sie wird so zur eigentlichen Postdemokratie, die ihre Bürger entmündigt. Umso wichtiger wird vor diesem Hintergrund die alltägliche

Demokratie als bürgernahe Demokratisierung, die einem allerdings nicht geschenkt wird.

Weiterführend sind neuartige inhaltliche Verknüpfungen und Vertiefungen. Insbesondere Vereine, von denen es in Deutschland viele gibt, sollten mehr zusammenarbeiten und nicht nur ihr eigenes Süppchen kochen. Der neue Verein ‚Neues Potsdamer Toleranzedikt e.V.' hat unter anderem den Sinn, hier eine Brücke zu bauen. Personen aus unterschiedlichen gesellschaftlichen Bereichen, Berufen und Stadtteilen, die sich 2008 über das Projekt Toleranzedikt kennenlernten, haben ihn gegründet. Sie wollen diesen Schatz nicht wieder verlieren, nachdem ein Stein ins Rollen gebracht wurde. Aktivitäten, die verpuffen und ins Leere gehen, gibt es genug. Der Austausch, die Anregung und Unterstützung unter den Mitgliedern, welche die Impulse in ihre Bereiche, Professionen und Organisationen weitergeben, darf nun allerdings nicht vernachlässigt werden. Jeder hat hier das Seine zu tun. Und mehr müssen hinzukommen, damit dieser Verein *mehr* wird als ein Verein.

Die Idee eines Toleranzedikts als Stadtgespräch ist etwas anderes als ein Verein, sie kann nicht delegiert werden. Sie ist Sache ebenso der Bürger wie des Bürgermeisters, der sie zur Chefsache machen muss, denn sie bezieht sich auf die ganze Stadt und ihre Heterogenität. Diese städtisch-regionale Heterogenität gehört ebenso zu einer attraktiven Stadt wie das Auseinanderfallen in Parallelwelten (wie Hoch-

schulen, Medienstadt, Weltkulturerbe, Neubausiedlungen usw.). Eine moderne Stadt ist generell keine harmonische Dorfgemeinschaft weder im liberalen noch im konservativen noch im sozialistischen Sinne. Die ‚gesunde Stadt' besteht auch nicht aus fünf Leuten, wie dies das staatsförmige Denken von Platon, die ‚Politeia' als große Staatsutopie[95], in der alles seinen Platz und seine Ordnung hat, um sozusagen das freie Wuchern der Demokratie der vielen zu verhindern, gerne hätte. Dieses politische Denken vom Idealstaat spielt untergründig für viele noch immer eine attraktive Rolle. Ebenso wenig jedoch, wie sich das Wachstum der Städte (die Urbanisierung, ja Metropolisierung der modernen Welt) umgehen oder zur Gänze steuern lässt, so wenig lässt sich die Demokratisierung der Demokratie einfach stillstellen. Fortwährend kommen Neue und Andere hinzu, verschwindet gleichzeitig Vertrautes und Altes, sind Gründung und neue Herausforderungen, Substanz und Serialität, Vorher und Nachher, Geschichte und Gegenwart aufeinander zu beziehen und neu zu vermitteln. Gerade in großen Städten, die von der großen Philosophie vernachlässigt werden, ist das so. Allein schon diese Konstellationen verdeutlichen, wie grundlegend wichtig Toleranz ist, ohne dass damit auch nur eine konkrete Frage beantwortet oder ein drängendes Problem definitiv gelöst wäre.

In historisch-politischen Prozessen besteht immer die Möglichkeit, dass selbst zivilreligiöse Fixierungen zur Disposition gestellt werden, obwohl dieser

Zugriff gerade verhindert werden soll. Also muss sich die politische Theorie der Bürgerschaft und Demokratie unweigerlich damit beschäftigen, wie viel unsere dünne Haut der Toleranz aushalten kann und dennoch konstruktiv zustande bringt. Mit den ökonomischen, sozialen, ökologischen, demografischen und migrationspolitischen Herausforderungen wachsen die Anforderungen an die Urbanität als einer bürgerschaftlichen Zuständigkeit, die versucht, aufgeschlossen zu bleiben, bei einem Veränderungstempo, das uns oft überfordert. In einer solchen Situation ist die Verführung groß, Freiheit aufzugeben und Verantwortung zu delegieren. Gründe dafür findet der Mensch als ‚animal rationale' immer. Urbanität als Marke ist ‚in', so dass sie eifrig vermarktet wird. Das Unternehmen ‚Stadt' floriert, und Potsdam wird diesbezüglich eine große Zukunft prognostiziert. Das Stadtmarketing läuft auf Hochtouren. Die Speicherstadt in der neuen Mitte ist schon projektiert. Potsdam (wie viele Städte als ‚Marke') verkauft sich gut nach außen, während die Schritte nach innen meist weder originell noch mutig sind. Stadtbürgerschaft bildet sich indessen nach innen. Die Stadt ist kein Unternehmen, obwohl Unternehmen eine wichtige Rolle spielen.

Auf der anderen Seite wird Urbanität gehasst, was viel mit Toleranz im Dauerkonflikt zu tun hat, was man nicht einfach ‚aufheben' kann, wie es philosophische und politische Letztbegründungsansprüche gerne hätten. Generelle Antworten gibt es hier nicht, wohl aber historische Erfahrungen und Lernprozesse. Die nicht politisch verstandene, oberflächliche Urbanität ist Heuchelei: „Jeder will ein urbaner Zeitgenosse sein, die ‚Renaissance der Stadt' ist so vital wie ‚das neue urbane Bürgertum' virulent – aber kaum einer scheint die Stadt in dem, was sie ausmacht, nämlich ein Ort der Gegensätze und Kompromisse zu sein, wirklich auszuhalten."[96] Vom urbanen Flair wird gefaselt, gegen den Kindergarten in der Nachbarschaft jedoch wird geklagt. Das kennen wir selbst im kinderfreundlichen Potsdam. „Deutschland ist alles andere als urban – es hat nur seine vorstädtische Tristesse samt der dort kultivierten Leitbilder der Kleinbürgerlichkeit in die Innenstädte transplantiert."[97] Potsdam ist geradezu überlagert von musealisierter Geschichte. Hier dominiert eher das Bildungsbürgertum den Diskurs und die Deutungshoheit über jeden Stein und jede Fassade. Da interessiert anderes weniger. Dem setzen allerdings die jungen Frauen von ‚Turbine Potsdam', die von überall her kommen, „22 Beine und nicht nur alte Steine" (so ihr Song) entgegen. Sie gehören zu den neuen Sympathieträgern der Stadt, und zwar auf originelle Weise.

Die heftigen Auseinandersetzungen mit der autonomen Jugendkultur „Freiräume statt Schlossträume" in Potsdam sind programmiert, wenn man aus der Stadt ein Freilichtmuseum machen will, welches vor allem als schöne Kulisse für kommerzielle Veranstaltungen und Filme dient. Die plurale und teils auch sozial polarisierte Stadtgesellschaft ist als Bürgergesellschaft seit 1989 wieder erwacht. Es gibt neue Kontroversen um die Stadt. Diese Kontroversen sind ein Gewinn. Die Städte waren nicht zufällig Orte der demokratischen Revolution. Es gibt unterschiedliche Formen moderner Bürgerschaft in Verbindung jeweils mit der Stadt, die beide aneinander wachsen. Die Ideale der Stadt verändern sich. Wir finden auch in Potsdam synchron verschiedene Ideale der Stadt: Die Großsiedlungen der Nachkriegsmoderne gehören ebenso dazu wie die alte Neue Mitte. Die Stadt wird nicht nur unterschiedlich angeeignet, sie wird auch unterschiedlich in Besitz genommen: ökonomisch, kulturell, politisch, auch im Alltag.

In dem daraus resultierenden Gefühl der Zugehörigkeit zur Mitte spielt der Gegensatz zwischen Historismus und Moderne nicht die Hauptrolle. Der Historismus, die permanente Musealisierung des Fortschritts, gehört ohnehin zur beschleunigten Zeit der Moderne. Anders wäre diese wohl gar nicht zu ertragen. Eher geht es um Altes, das einem wichtig geworden ist, und wirklich Neues sowie eine intelligente Kombination von beidem. Dabei muss man auch etwas Neues wagen, man kann nicht bei der Rekonstruktion stehenbleiben. Sonst beherrschen allein die Architekten, Planer und Kunsthistoriker den Diskurs über die Stadt und deren Urbanität. Bei der politischen Urbanität geht es jedoch um mehr. Es geht nicht nur um den Einbezug der Bürgerschaft, sondern es stellt sich auch die grundlegende Frage: Wohin will die Stadt? Hier muss man das Gespräch in seiner gesamten Breite suchen und die Beteiligung gemeinsam organisieren. Die Politik als Vertretung der Öffentlichkeit kann nicht so einfach Fakten schaffen wie private Personen (Jauch, Plattner u. a.), die öffentlichkeitswirksam sind und mit viel Geld die Weichen der Stadtentwicklung stellen. Aber auch diese geben ihre Millionenspenden nur, weil Bürgervereine wie ‚Mitteschön' und andere aktiv geworden sind. Sie sind keine „Goldesel" und erwarten Bürgersinn.[98] Dies akzeptierend, haben wir in Potsdam und anderswo tatsächlich ein neues Bürgertum, das Teil einer neuen Bürgerschaft ist. Es ist aber nicht die gesamte Bürgerschaft. Wir müssen deshalb immer wieder zu einem gemeinsamen Verständnis von Bürgerschaft bei aller sozialen, kulturellen und politischen Verschiedenheit kommen. Zur Bürgerschaft gehören auch die Menschen in den Großsiedlungen, die oft gar nicht zählen, obwohl sie die große Zahl ausmachen.

Gerade bei der Diskussion über die (historische) Mitte hat Potsdam (und andere Städte) eine Chance, sich als ganze Stadt zu definieren, wenn es zum Beispiel gelingt, das ‚Stadtforum' zu einem Forum der Stadt werden zu lassen und die verschiedenen Beteiligungsinstrumente sowohl (dezentral) auszubauen als auch besser zu koordinieren. Der immerhin für acht Jahre direkt gewählte Oberbürgermeister muss hier als Meister-Bürger vorangehen und die Stadtvision zu seiner Sache machen. Zutreffend bleibt jedoch für alle Städte: „Je näher man der so oft beschworenen urbanen Gesellschaft rückt, desto mehr schrumpft das

Stadt-Bürgertum zum Kleinbürgertum. Was bleibt, ist dessen Wutgebrüll über die Baustellen des Lebens."[99]

Umso wichtiger ist vor diesem Hintergrund die Konversation einer handlungsoptimistischen Aufklärung, welche die Salons und Stammtische verlässt und in die Stadt mit ihren Begegnungen und Verstörungen hineingeht. Dabei darf sie ihre Bündnis- und Urteilsfähigkeit nicht verlieren. Bündnisfähige Praxis ist der Bezugspunkt einer demokratischen politischen Theorie, denn eine neue Bürgerschaft fällt nicht vom Himmel, sondern bildet sich in Konflikt und Kooperation, Wahrnehmung und Neugierde, Unverständnis und Gespräch. Ein kleiner Schritt in diese Richtung waren die 6 Thesen am 30. Oktober 2010 auf dem Marktplatz am Schlaatz (siehe Kapitel 6). Anti-Sarrazin-Thesen sind jetzt ebenso nötig wie die Versachlichung einer Integrationsdebatte, die auf Abwege geraten ist.

Das Gespräch umfasst ein vielfältiges Spektrum von Begegnungen – vom spontanen Gespräch zwischen zwei Personen bis hin zum organisierten Dialog Vieler. Seine Verbindlichkeit wie der Verbindlichkeitsgrad seiner Ergebnisse können ebenfalls variieren. Ansonsten kann das (Potsdamer) Toleranzedikt als Stadtgespräch ein Beispiel auch für andere Städte sein. Es funktioniert, solange keine Kultur des Hasses vorherrscht und der Gegner zum Feind wird. Dies alles ist nicht Politik im engeren Sinne, hat aber politische Bedeutung im Sinne des Zusammenlebens (wie auch der Regeln dieses Zusammenlebens)

verschiedener Menschen. Angestoßen wird dieser Versuch, im Gespräch weiterzukommen, immer wieder durch neue Herausforderungen und Konflikte, wie zum Beispiel gegenwärtig der Streit um die neue Synagoge in Potsdam. Entschiedenen Streit schließt es nicht aus, sondern ein. Es ermöglicht viel, zum Beispiel bisher unvorstellbare Kompromisse und neue Festlegungen, die Fragen der Geltung und Durchsetzung des Rechts einschließen.

Ein *stadtweiter Dialog* ist nötig, aber für Berlin natürlich noch weit schwieriger zu realisieren als für Potsdam. Nach mehreren Brandanschlägen auf Moscheen hat der regierende Bürgermeister zu Beginn des Jahres 2011 einen ‚Berliner Dialog der Religionen' gestartet. In Berlin gibt es zwar viele Initiativen und Projekte zur interreligiösen Verständigung, doch kennen sich die Akteure kaum untereinander. Wie in Potsdam und anderen Städten, läuft viel, aber auch viel nebeneinander und ohne Wissen voneinander. Allein das vorhandene Wissen auf verschiedenen Ebenen und von verschiedenen Akteuren wäre deshalb zusammen zu führen, zu ergänzen, zu vertiefen und reflexiv weiterzuentwickeln. Das wäre praktische Wissenschaft im besten Sinne. Solche Dialoge als prozedurale Politik sind im Vorfeld von Entscheidungen

Bilder rechts: Impressionen vom Fest für Toleranz in Potsdam, das 2010 an den 325. Jahrestag des historischen Edikts von Potsdam erinnerte und unter dem Motto „Toleranz bedeutet gute Nachbarschaft" stand. Das Fest findet seit 2008 jährlich statt.

angesiedelt. Sie suchen zunächst das gemeinsame Verstehen und sodann verschiedene Lösungsmöglichkeiten. Werden sie von der Politik oder politisch in Gang gesetzt, so ist neben der kooperativen Wahrheitssuche, darauf zu dringen, dass sie auch zu verbindlichen Ergebnissen führen, die wenigstens partiell umgesetzt werden. Nur so können organisierte Dialoge verschiedenster Art (Stadtforen, lokale Agenda-Prozesse, Toleranzedikt als Stadtgespräch, Bürgerhaushalte u. a.) zu neuen Elementen der Demokratie im Wandel werden, die zur Demokratisierung beitragen.

Der Verein ,Neues Toleranzedikt' kann lediglich Anreger, Unterstützer und Moderator eines stadtweiten Dialogs in Potsdam sein, der aus den Nischen heraus seine Konturen schärfen und mit der Zeit von Vielen und mehreren Orten aus (Unternehmen, Sportvereine, Schulen, Kirchgemeinden, usw.) als etwas Besonderes wahrgenommen werden kann, an dem man festhalten möchte. Damit wird eine schwache Traditionsbildung über Regeln des Zusammenlebens, die etwas weitergibt, möglich. Die Multiperspektivität bereichert die Inhalte des Gesprächs. Die Verstetigung der Bemühungen in der Zeitdimension sowie die soziale und zahlenmäßige Ausdehnung des Personenkreises bleiben jedoch eine Aufgabe. Dieser Weg unterscheidet sich von der schnelllebigen Eventkultur und kann zeigen, dass die Idee der Bürgerschaft ernst genommen wird. Vereins- und Organisationspatriotismus genügen hierfür nicht, denn sie allein verbürgen noch keine gute Zivilgesellschaft, die offen bleibt. *Die* Zivilgesellschaft ist nicht per se gut, genauso wenig wie *der* Staat und *die* Politik per se schlecht. Heute geht es nicht nur um das Was, sondern auch um das Wie der Aufklärung, deren Praxis in einer Überforderungskrise steckt. Gerade weil das so ist, sollte eine hohe wechselseitige Toleranz des Zuhörens, voneinander Lernens und gemeinsamen Handelns den Rahmen für die kritische Auseinandersetzung mit den Problemen unserer Zeit bilden – *Toleranzedikt als Stadtgespräch statt Sarrazin-Theater.*

11. Anmerkungen

1 Terence James Reed, Mehr Licht in Deutschland. Eine kleine Geschichte der Aufklärung, München 2009, S. 214.

2 Vgl. Voltaire, Philosophisches Wörterbuch, Frankfurt am Main 1985 (1764).

3 Vgl. Norberto Bobbio, Das Zeitalter der Menschenrechte. Ist Toleranz durchsetzbar? Berlin 1998, S. 103.

4 Vgl. http://www.unesco.org/new/en/social-and-human-sciences/themes/human-rights/fight-against-discrimination/coalition-of-cities/

5 Vgl. Manuela Böhm, Sprachenwechsel. Akkulturation und Mehrsprachigkeit der Brandenburger Hugenotten vom 17. bis 19. Jahrhundert, Berlin 2010.

6 Vgl. auch Birgit Kletzin (Hg.), Fremde in Brandenburg, Münster, Hamburg, London 2002.

7 Vgl. Heinrich Lutz (Hg.), Zur Geschichte der Toleranz und Religionsfreiheit, Darmstadt 1977.

8 John Locke, Ein Brief über Toleranz (1689), Hamburg 1957.

9 Zitiert in: Die Zeit, 30. September 2010, S. 3.

10 Die römisch-katholische Kirche anerkennt die Religionsfreiheit erst seit dem II. Vaticanum 1962-65. Noch unter Pius XII. (1876-1958) wurde die Religionsfreiheit als Rechtsinstitut nicht anerkannt.

11 Michael Walzer, Über Toleranz, Hamburg 1998.

12 Vgl. Herausforderung Integration. Städtische Migrationspolitik in der Schweiz und in Europa (hrsg. G. D'Amato/B. Gerber), Zürich 2005.

13 Vgl. Rudolf Stichweh, Der Fremde, Berlin 2010, S. 203 (Hervorhebungen H. K.).

14 Hans-Paul Bahrdt, Die moderne Großstadt, Opladen 1998 (1. Aufl. 1961).

15 Vgl. auch Damir Skenderovic, Gianni D'Amato, Mit dem Fremden politisieren, Zürich 2008.

16 Georg Simmel, Soziologie, Leipzig 1908; ders., Das Individuum und die Freiheit, Berlin 1957; vgl. auch Rudolf Stichweh, Der Fremde, a.a.O.

17 Vgl. http://www.unesco.org/new/en/social-and-human-sciences/themes/human-rights/fight-against-discrimination/coalition-of-cities/

18 Vgl. John Stuart Mill, Über die Freiheit, Zweites Kapitel: „Über die Freiheit des Gedankens und der Diskussion", 24-76, danach folgt das Kapitel über Individualität als Hauptbedingung gesellschaftlicher Entwicklung, Stuttgart 1974.

19 Zitiert in: Frankfurter Allgemeine Zeitung, 5.12.2010, S. 3.

20 Zitiert in: Die Tageszeitung, 11./12. September 2010, S. 5.

21 In ihrer Rede vom 17.01.2007 vor dem Europäischen Parlament. Andere Wertepaare, die in sich wechselseitig aufeinander verweisen, sind Freiheit und Verantwortung, Freiheit und Gleichheit, Freiheit und Gerechtigkeit, Freiheit und Nachhaltigkeit.

22 Zitiert in: Der Tagesspiegel, 8.09.2010, Kurt Westergaard – Zeichnen der Zeit.

23 Vgl. Heinz Kleger, Toleranz der Demokratie, Potsdam 2009.

24 Vgl. Thomas Hobbes, Behemoth or the Long Parliament (1679), London 1969; ders., Leviathan (1651), Frankfurt am Main 1984. Bei Spinoza, der vieles gerade im Kapitel über Staat und Recht (16. Kap.) von Hobbes übernimmt, hat der Staat nicht nur den Zweck, die einzelnen von der Furcht zu befreien, sondern sein Hauptzweck ist die Freiheit (S. 301). Dies

führt zu einem Paradigmawechsel in der politischen Theorie, denn Spinoza plädiert für die Urteils-, Meinungs-, Gedanken- und Redefreiheit: „Ich gebe allerdings zu, dass diese Freiheit auch zuweilen Missstände im Gefolge haben kann. Aber welche noch so weise Einrichtung hat es jemals gegeben, die nicht irgendeinen Missstand hätte mit sich bringen können? Wer alles durch Gesetze bestimmen will, wird eher zu Lastern reizen als Laster bessern. Was man nicht hindern kann, muss man eben notgedrungen zulassen, wenn auch oft Schaden daraus folgt. Wie viele Übel entspringen aus Üppigkeit, Neid, Habgier, Trunksucht und Ähnlichem! Man duldet sie aber, weil man sie durch gesetzliche Verbote nicht verhindern kann, obschon sie wirkliche Laster sind. Um so mehr muss man die Freiheit des Urteils gewähren, denn sie ist sicherlich eine Tugend, und sie zu unterdrücken ist unmöglich" (S. 304). Daraus folgt die demokratische Regierungsweise, die so eingerichtet werden muss, dass Bürger einander nicht zu fürchten brauchen: „Menschen müssen so regiert werden, dass sie, trotz offenbar verschiedener, ja entgegengesetzter Meinungen, doch in Eintracht miteinander leben. Es kann kein Zweifel sein, dass diese Regierungsweise die beste ist und die wenigsten Missstände im Gefolge hat, denn sie steht mit der Natur der Menschen am meisten in Einklang. Denn bei der demokratischen Regierung (die dem Naturzustand am nächsten kommt) verpflichten sich, wie ich gezeigt habe, alle, nach gemeinsamem Beschluss zu handeln, nicht aber so zu urteilen und zu denken. D. h. weil nicht alle Menschen die gleiche Meinung haben können, ist man dahin übereingekommen, dass diejenige Meinung die Kraft eines Beschlusses haben soll, die die meisten Stimmen auf sich vereinigt, vorbehaltlich des Rechts, sie wieder aufzuheben, sobald sich ihnen etwas Besseres zeigt. Je weniger man demnach den Menschen die Freiheit des Urteils zugesteht, um so mehr entfernt man sich von dem natürlichsten Zustand und um so gewalttätiger ist infolgedessen die Regierung" (S. 307, zur Definition von Demokratie vgl. auch S. 237f). Die Stadt Amsterdam gilt Spinoza als gutes Beispiel sowohl für demokratisches Regieren als auch für gedeihliche Entwicklung (S.

307f.). Beides gehört zusammen, was sich am Leben in den Städten zeigt. Dort manifestieren sich freilich auch die Konflikte, auf die es ankommt – sowohl in Amsterdam als auch in Neu-Amsterdam. Alle Zitate in: Baruch de Spinoza, Theologisch-Politischer Traktat (1670), Hamburg 1984.

25 Kirsten Heisig, Das Ende der Geduld, Freiburg i. Br. 2010.

26 Vgl. Potsdamer Toleranzedikt 2008, S. 22.

27 Vgl. Niklas Luhmann, Politische Soziologie, Berlin 2010, S. 233, 236.

28 So Luhmann, a.a.O., S. 105.

29 So die Justizsenatorin Frau von der Aue in: Das Ende der Ungeduld, Die Zeit, 22. Dezember 2010, S. 4.

30 Vgl. Hans-Georg Gadamer, Vernunft im Zeitalter der Wissenschaft, Ffm. 1976, S. 77.

31 Das Ende der Ungeduld, a.a.O.

32 Vgl. Stichweh, Der Fremde, a.a.O., S. 144 f.

33 Vgl. Thilo Sarrazin, Ich hätte eine Staatskrise auslösen können, in: Frankfurter Allgemeine Zeitung, 24. Dezember 2010, S. 33.

34 So zum Beispiel der britische Premierminister David Cameron in seiner Rede am 5.2.2011 auf der Sicherheitskonferenz in München.

35 So Joachim Gauck in ‚Welt am Sonntag‘, 26.12.2010.

36 Vgl. den Bericht der unabhängigen Kommission ‚Zuwanderung‘: Zuwanderung gestalten – Integration fördern, Berlin, 4. Juli 2001.

37 Während sich unser Verständnis von Multikulturalismus auf Individuen bezieht.

38 Für eine Diskussion der Thesen und deren Erläuterung danke ich Michael Wehrstedt.

39 Vgl. Bevölkerungsprognose Land Brandenburg 2007-2030, S. 81.

40 Ebd. S. 76.

41 Pressemitteilung des Landesbetriebes für Datenverarbeitung und Statistik vom 7.09.2006 unter: http://www.statistik.brandenburg.de/cms/detail.php/lbm1.c.366334.de

42 Pressemitteilung des Statistischen Bundesamtes Nr. 414 vom 29.09.2006 unter: http://www.destatis.de/jetspeed/portal/cms/Sites/destatis/Internet/DE/Presse/pm/2006/09/PD06_414_12711,templateId=renderPrint.psml

43 Vgl. Wanderungen Land Brandenburg 2009, S. 6 und 8.

44 Ebd. S. 10.

45 Ebd.

46 Bevölkerungsprognose für das Land Brandenburg 2009-2030, S. 24.

47 Ebd. S. 28.

48 Vgl. unter http://www.tagesspiegel.de/berlin/brandenburg/brandenburg-braucht-raumpioniere/848750.html; vgl. auch Krister Volkmann, Regional- und trotzdem global, Berlin 2009.

49 Vgl. http://www.zuhause-in-brandenburg.de

50 Vgl. unter: http://www.sozialestadt.de/veroeffentlichungen/newsletter/lokale_oekonomie.shtml

51 Ebd.

52 Vgl. Michael Wehrstedt, Politische Strategien im demografischen Wandel, Diplomarbeit Universität Potsdam 2010, S. 94.

53 Ebd.

54 Vgl. Herwig Birg, Die demografische Zeitenwende 2005 (4. Aufl.), S. 114.

55 Vgl. Wehrstedt, a. a. O.

56 Vgl. die Studie „Kinderwünsche in Deutschland", Bundesinstitut für Bevölkerung 2006.

57 So die Ergebnisse des achtmonatigen Stadtgesprächs ‚Potsdamer Toleranzedikt' 2008.

58 Bezeichnend und aufschlussreich hierfür ist: Internationale Bauausstellung. Stadtumbau Sachsen-Anhalt 2010. Weniger ist Zukunft. 19 Städte – 19 Themen, Berlin 2010.

59 Vgl. ‚Betriebspanel Brandenburg 2009'.

60 So Johannes Glembek vom Bundesverband ausländischer Studierender (BAS), in: Die Tageszeitung, 29. Dezember 2010, S. 7.

61 Vgl. Ludwig Wittgenstein, Philosophische Untersuchungen, in: Schriften I, Frankfurt am Main 1960 (1953), S. 279 ff.

62 Siehe Potsdamer Toleranzedikt, Potsdam 2008.

63 Thilo Sarrazin, Deutschland schafft sich ab, München 2010, S. 331ff.

64 So Elsbeth Stern (ETH Zürich) in: Die Zeit, 2. Sept. 2010, S. 97.

65 Vgl. Peter M. Kaiser, Sarrazins Legende vom klugen Gen, in: Blätter für deutsche und internationale Politik 12/2010, S. 30-33.

66 Thilo Sarrazin a.a.O., in der 14. Auflage (2010) neu eingefügt „auf lange Sicht".

67 Sarrazin, a.a.O., S. 393.

68 Vgl. ‚Die Welt', 11. Dezember 2010.

69 Es gibt im Übrigen noch andere Gründe, weshalb man Ilmenau kennen sollte.

70 A.a.O., S. 299.

71 A.a.O., S. 315 f.

72 A.a.O., S. 293 -299.

73 A.a.O., S. 299-307.

74 A.a.O., S. 309.

75 A.a.O., S. 320.

76 Vgl. Immanuel Kant, Kritik der reinen Vernunft (1781), Hamburg 1956, B 183 (S. 194).

77 Naika Foroutan (Hg.), Sarrazins Thesen auf dem Prüfstand, Humboldt-Universität, Dezember 2010 (68 Seiten); vgl. auch das HEy-MAT-Dossier: Daten und Fakten über Menschen mit muslimischem Migrationshintergrund in Deutschland, www.heymat.hu-berlin.de.

78 Vgl. „Zahlendreher", in: Potsdamer Neueste Nachrichten, 7. Januar 2011, S. 5.

79 Bundesamt für Migration und Flüchtlinge, zitiert in: Potsdamer Neueste Nachrichten, 7. Januar 2011, S. 5; vgl. auch: www.tagesspiegel.de/sarrazin.

80 A.a.O.

81 Sarrazin, a.a.O., S. 280.

82 So Jutta Ditfurth in ‚Berliner Zeitung', 24.6.2009, Onlineausgabe.

83 So am 10.2.2011 im französischen TV-Sender TF1.

84 Siehe den Bericht in der TAZ vom 1. Nov. 2010, S. 14.

85 An der Urteilsfähigkeit kritischer Soziologie muss man zweifeln, wenn man liest: „Wir stießen dabei auf die ausgeprägten sozialen Kompetenzen der Akteure, die sie auch zur Kritik, zur Teilnahme an Disputen und zum Austausch von Argumenten befähigen." So Luc Boltanski in: Was ist Kritik? (hrsg. von R. Jaeggi/T. Wesche), Frankfurt am Main 2009, S. 85. Hat dieser Befund die kritischen Soziologen überrascht?

86 Die Kraft der Gewaltlosigkeit kann sogar (entgegen westlichen Traditionen) besonders wirkungsvolles politisches Handeln hervorbringen. Vgl. dazu Dieter Conrad, Gandhi und der Begriff des Politischen, München 2006. Zudem passen Gandhis ‚Experimente mit der Wahrheit' zu unserem Versuch, die Toleranzdiskussion zu vertiefen.

87 Vgl. Spinoza, a.a.O., S. 240.

88 Gespräch mit Kazim Erdogan, der in Berlin eine türkisch-arabische Vätergruppe leitet. In: TAZ, 16./17. Okt. 2010, S. 43. Er hat auch Kirsten Heisigs Arbeit unterstützt.

89 Kazim Erdogan, a.a.O.

90 Kulturelle Hemmschwellen überwinden, in: Neue Zürcher Zeitung, 1. Oktober 2010, S. 17.

91 So Gunter Fleischmann, Leiter von ‚Jugendwohnen im Kiez', Neue Zürcher Zeitung, a.a.O.

92 Ebenda.

93 Siehe Potsdamer Toleranzedikt, Potsdam 2008.

94 Ausführlich dazu Heinz Kleger, Toleranzedikt als Stadtgespräch, Potsdam 2010.

95 Vgl. Platon, Der Staat (nach 385 v. Chr.), Werke, Bd. 4, Darmstadt 1990.

96 Vgl. Gerhard Matzig, Wer reinkommt, ist drin, in: Süddeutsche Zeitung, 11./12. Dezember 2010.

97 Ebenda, a.a.O.

98 So Hasso Plattner im Interview mit der Märkischen Allgemeinen Zeitung, 17.2.2011, S. 15.

99 Matzig, a.a.O.